本书获得广东省哲学社会科学规划青年项目（GD21YZZ
财经大学学术著作出版资金的资助

广东财经大学学术文库

Resources and Legitimacy:
The Tangible and Intangible Forces for
Enterprise Technological Innovation

资源与合法性

驱动企业技术创新的
有形与无形力量

谢昕琰 ◎ 著

经济管理出版社
ECONOMY & MANAGEMENT PUBLISHING HOUSE

图书在版编目（CIP）数据

资源与合法性：驱动企业技术创新的有形与无形力量/谢昕琰著 . —北京：经济管理出版社，2022.3

ISBN 978 – 7 – 5096 – 8354 – 5

Ⅰ . ①资… Ⅱ . ①谢… Ⅲ . ①企业创新—研究 Ⅳ . ①F273.1

中国版本图书馆 CIP 数据核字（2022）第 047277 号

组稿编辑：郭丽娟
责任编辑：赵亚荣
责任印制：黄章平
责任校对：王淑卿

出版发行：经济管理出版社
　　　　　（北京市海淀区北蜂窝 8 号中雅大厦 A 座 11 层　100038）
网　　　址：www. E – mp. com. cn
电　　　话：（010）51915602
印　　　刷：唐山玺诚印务有限公司
经　　　销：新华书店
开　　　本：720mm×1000mm/16
印　　　张：12
字　　　数：215 千字
版　　　次：2022 年 5 月第 1 版　　2022 年 5 月第 1 次印刷
书　　　号：ISBN 978 – 7 – 5096 – 8354 – 5
定　　　价：88.00 元

序

　　2008 年的国际金融危机促进形成了广东产业转型升级的倒逼机制。受广东省政府办公厅落实珠三角规划领导小组的委托，中山大学珠三角改革发展研究院进行了广东产业转型升级的调查研究，其中的一项调查是对珠江东岸的东莞、惠州以及珠江西岸的中山、顺德四市（区）进行大规模的企业问卷调查。调查的结果之一是，遭遇金融危机，坚持创新的企业比不坚持创新的企业具有较好的经济和社会效益，创新是产业转型升级最重要的引擎。

　　创新是转型升级最重要的动力并非出人意料的结果。最值得探讨的问题是，作为创新的行为主体，企业为什么会创新和什么样的企业会将资源更多地投入到创新中？社会科学的不同学科都力图寻找打开问题之门的钥匙。本书试图采用社会学的理论和方法，运用中山大学珠三角改革发展研究院的问卷调查数据回答上述问题。谢昕琰作为经济社会学研究方向的博士生，研究的过程免不了站在社会学的学科立场上与经济学对话。

　　谢昕琰博士曾获得美国华人社会学家周雪光教授的支持和帮助，到美国斯坦福大学进行为期一年的学习和交流。周雪光教授在他的《组织社会学十讲》一书中，以社会学的合法性逻辑与经济学的效率逻辑对话，提出以经济学的效率逻辑解释组织和个人的行为并没有错，但是并不充分，因为组织和个人的一些行为并不以效率最大化为依归，而是合法性逻辑的约束。谢昕琰博士秉承这一学术思路，将合法性作为补充解释企业创新投入的重要机制。经济学不但以效率逻辑，即企业创新是为了获取超额利润、追求效率最优去解释企业创新的动机，而且以企业拥有的资源，如知识、资本、需求、规模等客观的创新要素解释企业创新能力和效果的变异。谢昕琰博士的研究一方面将经济学的多种解释变量纳入分析框架，另一方面将社会学解释组织和个人行动的重要变量——社会网络融入分析框架，不但在创新投入动机，而且在影响创新的自变量分析上与经济学对话。

　　谢昕琰博士研究发现，企业的知识资源、需求资源、资金资源、规模资源等经济学常用的自变量对企业创新的投入都有正向的影响。同时，企业的社会资本同样是影响企业创新投入的重要的正向因素。作为测量合法性压力的企业是否为协会成员和企业是否拥有自主品牌等变量，对企业资源影响企业创新投入发挥了调节变量的作用。研究结果表明，企业的创新不但要拥有经济学强调的知识资源、资金资源和需求资源等客观要素，以及社会学重视的社会网络等外在资源，还需要来自外部的创新的合法性压力，才能促使企业将内在和外在资源有效地投入创新之中。

本书的学术意义在于将社会学的理论视角引入创新研究之中，与经济学、管理学对话，既肯定了经济学、管理学对创新的解释力，又为社会学在创新研究中开辟了一块园地。经济社会学以经济现象和行为作为研究对象，以文化、制度、网络、权力"四板斧"作为独有的解释工具。本书使用了其中的"两板斧"——属于制度范畴的合法性压力和属于网络范畴的企业社会网络。谢昕琰博士在研究中并没有简单地将两者作为并列、独立的自变量纳入分析框架，而是采用嵌入性的方法论，将两者作为交互因素进行分析，为经济社会学提供了一个嵌入性分析的范例。此外，本书的另一贡献是回应了组织研究中对合法性逻辑只适用于非营利组织而不具普适性的质疑，提出合法性逻辑不但可以解释大学等非营利机构的组织行为，也可以解释企业这类营利组织行为。

本书不但有理论意义，也有实践价值。创新的第六代理论主张，企业创新不但依赖内部资源和能力，而且需要外部形成区域创新体系，形成支持企业创新的正式或非正式创新网络。本书的研究结果与这一理论主张是吻合的。中山大学的社会学、管理学学科有不少博士研究生都研究社会网络、社会资本对创新的影响，结论无一例外：社会网络、社会资本直接或间接正向影响创新投入和成效，社会网络可以为企业提供创新的信息、机会、人力、资金的支持。因此，企业创新的战略应充分重视社会资本的投资、社会网络的建构和维系。社会网络越广泛、联系越紧密、信任程度越高，创新成效就越大。

中国科学技术发展战略研究院的前任常务副院长王元教授曾提出，我国应发展创新社会学，发挥社会学在创新研究中的作用。真诚期望年轻一辈的经济社会学研究者能往这一方向努力。

丘海雄

2021 年 8 月 29 日于康乐园

前　言

　　企业技术创新是近几年来企业研究的热点问题之一。2008 年国际金融危机爆发后，中国制造业的成本优势不再明显，企业要想实现新一轮的经济发展就必须进行转型升级，而转型升级的重点就在于技术创新。党和政府逐步意识到了技术创新的重要性，相继推出"创新驱动发展""大众创业、万众创新"等口号，提倡企业进行技术创新，以摆脱对传统"要素驱动"模式的依赖。在政府的推动下，创新慢慢成为了企业（特别是制造业企业）摆脱困境、谋求新出路的"金钥匙"，也成为了大众对于企业最普遍的期待。

　　基于此背景，本书旨在研究企业技术创新的影响因素和作用机制。在学术领域，国外研究者早在 100 年前就对技术创新进行了研究。熊彼特是最早对创新进行研究的学者，但其学术地位一直不被主流学界所认可，一直到 20 世纪后期其学术价值才逐渐被人们所挖掘。国外的实证研究近年来重新讨论了"熊彼特假说"，即企业规模与技术创新的关系，也探索了除规模外其他影响技术创新的因素。但总体而言，在这个领域还有很多理论和实践问题值得人们去探讨。本书从组织社会学的新制度主义学派的视角出发，提出外界制度环境向企业施加合法性压力的观点，认为合法性压力能够影响企业的技术创新行为。而合法性压力源于政府和公众舆论对于企业创新的期待和预期，企业创新的积极性受合法性压力的影响，而组织的不同特征又会影响企业在制度环境中感受到的合法性压力。传统经济学、管理学的理论视角只研究知识资源、市场需求、企业规模等资源因素对技术创新的影响，近年来社会学将社会资本要素引入技术创新，把企业的"社会网络"当作一种社会性的资源，但依旧没有摆脱传统的资源视角。本书尝试结合企业资源基础观与组织社会学的合法性理论解释企业的技术创新行为，结论认为合法性压力调节了企业调配资源的过程，同时认为，在外部制度环境的合法性压力不同的条件下，企业会采用不同的资源策略，引起创新行为的差异。同时，本书认为社会网络在企业的创新实践中不仅提供了外部资源，同时也是合法性压力传递的渠道。

　　本书的实证部分以中国珠江三角洲（以下简称珠三角）制造业企业作为研究对象，采用二手调查数据，通过建立企业技术创新影响因素综合模型来对假设进行检验。研究结果显示，企业的四种资源——规模资源、资金资源、知识资源和需求资源都能显著促进技术创新投入的提升。同时，企业拥有的五类社会网络——生产合作网、研发合作网、生产服务网、公共关系网和政企关系网作为企业的外部社会资源也对技术创新投入有促进作用，其中的生产服务网、政企关系网还作为条件变量影响到企业资源的利用。此外，企业的自主品牌情况和行业协会身份也作为条件变量影响到企业在技术创新中的资源配置。企业的社会网络、品牌情况、协会身份都可以认为是影响企业感受到合法性压力差异的组织特征变量，说明合法性因素确实影响到了企业的技术创新，资源利用中的合法性逻辑不能被忽视。对于提高企业的技术创新投入，资源供给和合法性压力缺一不可。

　　在企业的资源要素里，企业规模和技术创新的关系一直是该领域关注的核心问题。本书把企业规模看作一种规模资源，构建的多元回归模型显示，规模与创新之间呈显著正相关关系。同时，本书采用反事实分析法，进一步探析规模对于创新的影响。PSM 模型和 HTE 模型的结果显示，规模对技术创新的影响确实存在内生性问题，OLS 回归低估了规模对创新的正向作用。不同类型企业的规模增长带来的创新回报有所差异。研究通过反事实的分析方法进一步支持了规模与创新的正相关关系，回应了长期以来该领域研究的争议和分歧。除此之外，本书还采用了 Tobit 模型、工具变量模型等方法对相关变量关系中的因果推断进行检验，增加了结论的稳健性。

　　本书最主要的贡献在于将资源观与合法性理论结合起来解释企业的技术创新行为。同时，本书既把企业的社会网络看成一种资源，也将其当成企业合法性压力传递的途径，从嵌入性的角度回应了社会网络的多维度性质。再者，传统认为合法性理论在非营利组织领域和制度创新领域有很强的解释力，而本书的结论认为合法性理论在营利性组织和技术创新领域同样有较强的解释力。最后，本书结论为创新理论研究增添了珠三角地区的实证结果，为中国新一轮的全面创新提供了参考。

　　本书以笔者的博士论文为主体，在研究技法及表达呈现等方面难免显得稚嫩，希望读者海涵并批评指正！

目　录

第一章　绪论 ……………………………………………………… 1

　　第一节　问题提出 ……………………………………………… 1

　　第二节　研究目标和研究方法 ………………………………… 6

　　第三节　研究思路 ……………………………………………… 8

　　第四节　内容安排 ……………………………………………… 9

第二章　文献回顾 ………………………………………………… 11

　　第一节　企业技术创新的概念、内涵与测量 ………………… 11

　　第二节　企业技术创新的动力机制理论 ……………………… 17

　　第三节　熊彼特假说：企业规模与企业技术创新关系的研究 ……… 26

　　第四节　社会网络、社会资本与嵌入性 ……………………… 30

　　第五节　新制度主义与合法性理论 …………………………… 40

　　第六节　组织合法性机制与企业资源基础观的结合 ………… 50

第三章　理论假说和概念模型 …………………………………… 54

　　第一节　企业技术创新的界定 ………………………………… 54

　　第二节　国内技术创新的制度环境 …………………………… 55

　　第三节　企业的合法性压力差异 ……………………………… 60

　　第四节　企业资源观与合法性机制的结合 …………………… 61

　　第五节　企业技术创新的关系嵌入性与制度嵌入性 ………… 63

　　第六节　概念模型 ……………………………………………… 64

第四章　研究假设的提出 ………………………………………… 66

　　第一节　企业资源与企业技术创新的关系 …………………… 66

　　第二节　企业技术创新的嵌入性 ·················· 70

第五章　数据来源和变量操作化 ···················· 75

　　第一节　数据来源 ··························· 75
　　第二节　变量操作化 ························· 76
　　第三节　变量测量的信度和效度分析 ············· 79

第六章　实证检验 ······························ 82

　　第一节　描述性分析 ························· 82
　　第二节　企业资源影响技术创新的线性回归模型 ····· 90
　　第三节　企业社会网络因素影响技术创新的线性回归模型 ·· 94
　　第四节　不同社会网络类型影响企业技术创新的线性回归模型 ·· 99
　　第五节　企业的行业身份及品牌情况作为资源影响技术创新的
　　　　　　条件变量 ······················· 102
　　第六节　讨论与发现 ······················ 108

第七章　稳健性检验与反事实分析 ·················· 112

　　第一节　基于 Tobit 模型的稳健性检验 ············ 112
　　第二节　内生性检验与反事实分析 ·············· 117

第八章　结论与展望 ··························· 132

　　第一节　研究结论 ························· 132
　　第二节　研究的学术意义和实践意义 ············· 135
　　第三节　研究的创新点 ····················· 139
　　第四节　研究的不足与展望 ·················· 140

参考文献 ································· 141

附　　录 ································· 164

后　　记 ································· 174

第一章　绪论

第一节　问题提出

一、现实背景

（一）企业是经济运行和社会运行的重要行动主体

随着中国社会主义市场经济改革，企业（特别是私营企业）在市场中的作用逐步体现，在推动经济发展和社会进步中发挥着不可替代的作用。同时，企业也是社会运行的行动主体。由于中国经济环境的快速变化，企业的增长模式也经历着不断的变化，以往的粗放型及节约成本型增长模式已经越来越不适应新形势下的发展要求；另外，随着生活水平的提高，人们对于优质企业的评价标准也由以往的仅仅是"做大做强"变成了现在的对于其产品及服务品质、技术领先程度等方面的要求。因此，经济环境的变化与人们生活质量的提高对于企业自身的技术进步提出了新时期的要求。由于企业的行动和发展模式会受到政府决策和社会意识等因素的影响，因此传统的基于新古典经济学视角的企业理论对于企业行为的内生解释就显得不尽完善，这也吸引了相关学科研究人员的注意力，其中就包括社会学。在国内社会学界，经济社会学和组织社会学领域对于企业行为的关注较多（符平，2015；蔡禾和周兆安，2015）。

（二）中国曲折的创新之路

改革开放40多年的时间，中国经济实现了年均超过9%的高速增长，2011年经济总量（GDP）超过日本跃居世界第二。然而，在实现高速增长的同时，中国经济也遇到了一些瓶颈性的问题：一是自然资源短缺，包括耕地短缺、淡水短缺、能源短缺、矿产资源短缺；二是产业技术落后，数控机床的70%、集成电路芯片的80%靠进口；三是自主创新能力不强，在2009年的PCT国际专利百强企业中，日本有 31 家、美国有 29 家，而中国仅有 2 家。是继续走资源消耗型增长道路，还是走自主创新发展道路？是继续走技术"引进—落后—再引进—再落后"之路，还是努力突破发达国家及跨国公司的技术垄断？这是中国在接下来的经济发展中需要回答的问题。

造成中国技术相对落后既有历史原因也有现实原因。技术上的大幅落后主要从清朝开始：在西方工业革命和资本主义萌芽并发展的时候，清政府却在坚持"闭关锁国"政策，将工业革命的成果拒于国门之外。而在同时期的西方列强心中，中国也不是理想的技术输入地，转而选择通过鸦片等商品打开中国的市场，纯粹把中国看成低质商品的输入地。在这样的国际国内背景下，虽然有"师夷长技以自强"的洋务运动，但中国的技术创新体系始终无法得到发展。民国时期，由于现代教育得到了普及，国家创新体系有萌芽的迹象；但由于当时大部分时间国内都处在战火当中，国内自主技术得不到实质性的发展。中华人民共和国成立之后，国内的技术体系受到苏联的援助得到了相应的发展，在重工业及军工领域都取得了一些成绩。但由于意识形态的对立，西方发达国家对中国进行了长期的技术封锁，加之中苏关系的恶化，导致中国自主创新体系的建设依然举步维艰。

改革开放以后，市场得到了全面的释放。在很长的一段时期内，中国政府实行"以市场换技术"的策略，即以批准外商在中国销售其产品、中标国内工程招标、在中国独资设厂为代价，换取国外的优势技术（雷家骕等，2013）。这一举措促进了中国不少产业的技术发展，特别是在汽车、移动通信、计算机等领域取得了技术上的革命性变化。另外，这一举措也促进了中国产业技术经验的积累和专业技术人员的培养，为自主创新体系的建设累积了资本。同时，我们注意到，这一政策也带来了一些负面效果：一是使一些本土资本企业形成了对国外技术的依赖，被眼前的蝇头小利所诱惑，甘于屈居全球价值链的中间环节。二是不利于自主品牌的培育。三是开拓市场并没有换来核心技术。一些企业让出了市场，与外商合作或合资，却没有如愿以偿地换来相应的技术。在很多行业，西方企业对于中国的技术输出都在关键技术上有所保留。说到底，西方资本看中的还是中国庞大的市场，而并不希望中国企业在技术上有所发展，对自己形成威胁。"以市场换技术"的结果迫切要求我们建立自己的创新体系，走上自主创新的道路。

（三）创新驱动发展战略及创新中企业的主体作用

党和政府逐步意识到了技术创新的重要性。2006 年 1 月，时任国家主席胡锦涛在全国科技大会上宣布：中国要在 2020 年建成创新型国家①。如果说建设创新型国家只是愿景的话，那么创新驱动发展战略的提出则是举国创新全面铺开的标志。2012 年党的十八大提出，"科技创新是提高社会生产力和综合国力的战略支撑，必须摆在国家发展全局的核心位置"。2015 年《中共中央　国务院关于深化体制机制改革加快实施创新驱动发展战略的若干意见》指出，到 2020 年，基本形成适应创新驱动发展要求的制度环境和政策法律体系，为进入创新型国家行列提供有力保障。2016 年 5 月 23 日，国务院新闻办公室举行《国家创新驱动发展战略纲要》有关情况新闻发布会。科学技术部原部长万钢在回答记者提问时表示，实现要素驱动向创新驱动转变根本上要以科技创新为核心的全面创新。

要实现要素驱动经济发展向创新驱动发展模式的转变，就必须明确企业在创新中的主体作用。创新不等于发明，技术创新中的技术最终要为市场服务，假如企业不能够成为创新实践中的主体，就会拉长技术转化为生产力的过程（雷家骕等，2013）。同时，不仅是大企业，占企业数量99%、对 GDP 贡献超过 60%、吸纳就业 70% 以上的中小型企业也应是创新的主体。在我国，大企业所占有的资源往往是中小企业无法比拟的。中小企业创新融资难、有利于中小企业创新的政策法规少，皆不利于刺激中小企业创新活力。可以说，挖掘本土企业的创新潜力主要是挖掘中小企业的创新潜力。明确了企业在创新中的主体作用，我们就必须要知道技术创新是怎样在企业内部发生的，以及有哪些内外部因素会影响到企业的技术创新。

（四）创新驱动关键在于制造业

随着 2008 年国际金融危机的到来，国内企业的技术短板进一步暴露，产业转型和升级又一次成为大家关注的对象。发达经济体重申制造业回归本土，用互联网和信息手段来重整制造业。发达国家不仅霸占了产业链的两端，连处于中间部分的加工制造业也要夺回。处于价值链中段的新兴市场和经济体（包括中国）的制造业企业，面临欧美发达经济体的需求市场萎缩，意识到只有转型升级才能找到新的生存之道，而转型升级的关键就在于自主的技术创新。

从研究与开发（R&D）支出总量来看，企业 R&D 支出相对集中在高技术行业。但与发达国家相比，国内中、低技术传统产业制造业的创新优势大于高技术产业制造业，与发达国家的差距也较小。总体来看，中国制造业的相对平均

---

① 创新型国家是指以技术创新为经济社会发展核心驱动力的国家，主要表现为：整个社会对创新活动的投入较高，重要产业的国际技术竞争力较强，投入产出的绩效较高，科技进步和技术创新在产业发展和国家的财富增长中起重要作用。

R&D 强度要明显高于高技术制造业。国内制造业的 R&D 强度分别是美国的 1/3、日本的 1/3、德国的 43.5%、韩国的 52%，而高技术制造业的 R&D 强度仅是美国的 1/10、日本的 16%、德国的 24.6% 和韩国的 19%。中国传统制造业的创新优势大于高技术制造业，一方面是由于长期以来欧美等发达国家的传统制造业对外转移，而中国是主要的承接地之一。目前，中国传统制造业的产业链齐全，具有较强的加工能力和广阔的国内外市场；传统制造业的技术变化慢，R&D 支出强度不高，加之中国在劳动密集型传统行业仍具有一定的成本优势和技术吸收能力，因此，传统制造业具有较强的创新比较优势。另一方面，虽然高技术产业的生产规模和出口额在世界领先，但中国的劳动生产率和产值增加值率不高、创新能力不强。目前，国内高技术制造业大多是外资企业，许多是低端加工制造和组装，其产品附加值率不仅低于发达国家同类行业，甚至低于国内的中、低技术制造业（吕薇，2013）。相对的比较优势，让制造业行业有可能成为在新一轮的创新驱动发展中率先发力的领域。同时，我们也必须承认，纵使在有相对优势的制造业行业，企业的创新能力和水平与发达国家相比仍有一定的差距。

（五）珠三角地区的企业技术创新受到焦点关注

珠三角地区①可以作为研究中国制造业的典型范例。得益于西方国家的全球化战略需求以及"亚洲四小龙"的产业转移，珠三角地区把握了劳动密集型产业转移的机会，快速成为世界加工制造业的中心。"三来一补"成为珠三角地区经济增长的主要动力。这种发展模式成就了珠三角地区 30 年的经济繁荣，但由于国内政策方针的转变和国际金融危机的双重影响，该地区的比较优势逐渐失去。珠三角增长模式有很多缺陷，其中最重要的一个问题是企业创新能力不足。

珠三角地区是我国改革开放的试验田。改革开放以来，珠三角地区在全国经济发展中具有举足轻重的地位。《珠江三角洲地区改革发展规划纲要（2008 - 2020）》确立了珠三角地区探索科技发展模式试验区和全面深化改革先行区的战略定位，要求珠三角地区率先成为全国的创新型区域典范，在提高全国的技术创新能力、加快自主创新进程等方面发挥示范作用（李仲飞等，2013）。从 2012 年党的十八大提出"创新驱动发展"以来，广东省积极跟进，在 2015 年确定了创新驱动发展战略的具体实施方案，并在 2016 年全省创新驱动大会上明确了企业在创新中的主体作用。将珠三角地区制造业产业创新发展作为研究后发国家技术创新的典型案例，对于企业技术创新的实证研究经验的完善，实现经济增长和技

---

① 珠三角地区的概念参照国务院发布的《珠江三角洲地区改革发展规划纲要（2008 - 2020）》，区域包括广州、深圳、佛山、珠海、东莞、中山、惠州、江门、肇庆 9 市。

术进步的双重发展在发展中国家的铺开，都具有非常重要的意义。

二、理论背景

学界对于企业技术创新的讨论由来已久，但由于创新本身的"打破均衡"及"适度垄断"的属性，一直不被新古典经济学等主流学派所重视。近年来，由于更多学科对于企业技术创新的探索，以及创新在经济发展中的地位凸显，理论界对于企业技术创新的讨论越来越多。企业技术创新逐渐成为了一个多学科交叉的研究领域，吸引着管理学、社会学、经济学、传播学、心理学等学科的关注。

约瑟夫·熊彼特（Joseph Schumpeter）被誉为"创新研究之父"，是最早提出企业创新理论的学者，也第一次从学术角度定义了企业的创新，认为创新是"把一种新的生产要素和生产条件的'新结合'引入生产体系"（熊彼特，2011）。他的第一代创新理论强调"企业家精神"在创新中的作用，认为企业家个人的冒险、开拓性的人格特质是创新中最重要的推动力量（Freeman，1997）。而在后期，他的第二代创新理论则开始强调集体的力量，认为企业内部的集体研发是企业创新的推动力，技术力量推动着创新。沿着这条思路，理论界提出了较为完整的创新理论：技术推动理论。该理论认为，基础研究推动应用性研究，应用性研究推动企业创新，知识及技术资源是推动创新的核心动力（Ogburn，1934；Bush，1945）。在同时代与技术推动理论相互竞争的是需求拉动理论，该理论认为企业创新与其他一些企业的行为一样，都受市场因素的影响，企业产品的需求量越大，相应的创新就会越多（Schmookler，1966）。此外，也有学者尝试对技术与市场因素进行融合，例如创新链理论（Kline and Rosenberg，1986），认为企业有多条不同的创新路径，而不同路径的影响因素是不同的。虽然对于创新的动力机制的争论不能形成大一统的理论，但在一点上达成了共识，即认为企业的技术创新是一个复杂的行为和过程，不能由单一的因素进行解释。

除了技术和市场，另一个被学者们关注的影响因素是企业的规模。熊彼特就曾对规模与创新的关系进行判断，提出著名的"熊彼特假说"。20 世纪后半叶，实证研究也开始慢慢关注企业规模与技术创新的关系，围绕该主题形成了许多研究文献，但是得到的研究结论并不统一：有的学者认为规模越大的企业创新程度越大，有的学者认为两者是负向的关系，此外还有 U 型关系、倒 U 型关系等。也有学者认为要讨论两者的关系必须放在具体的条件及情境之下。同时，企业规模与企业实力、经营历史等众多变量都相关，由此带来的内生性问题也会造成结论的不一致。这方面的新研究仍不断涌现，争论也还在继续。

从 20 世纪 80 年代开始，企业技术创新的研究有了范式上的转变：由以往强调企业技术、市场等因素的"线性范式"逐步转变为"网络范式"。在这一阶段又涌现出一系列新的创新理论，如三螺旋创新理论、创新体系理论、知识生产的模式 2 理论。这些理论的共同点是都重点强调外部合作网络及环境对于企业技术创新的影响。由于研究范式的转变，社会学对于企业技术创新的研究便有了切入点，学者们开始采用社会资本理论、合法性理论等解释企业的技术创新。创新研究也开始有了多学科、多视角的比较性分析。

简言之，企业技术创新研究经历了范式转换，仍有大量未解决的问题，尤其是企业技术创新的动力机制过程。构建企业技术创新的决定模型能丰富相关的理论，同时也为企业实践和政府的政策制定提供指引和依据，因此具有重大的理论和实践意义。

三、研究问题

根据上述的现实背景和理论背景，本书提出以下研究问题：企业的技术创新投入作为创新实践中最重要的部分，影响因素有哪些？具体而言，有哪些企业内部因素会影响企业的技术创新投入？有哪些企业外部因素会影响企业的技术创新投入？各种影响因素对不同类型的企业的作用是否有差异？本书试图通过对珠三角地区制造业企业的实证研究探讨并回答上述问题。

第二节 研究目标和研究方法

一、研究目标

本书的研究目标包括以下几点：

（1）通过梳理企业技术创新的理论和实证研究，特别是与企业技术创新影响机制相关的研究文献，对前人的研究成果进行总结，拟定一个整合的企业技术创新影响因素的分析框架。从前人的研究中梳理出包括企业规模在内的一系列对企业技术创新有促进作用的资源要素，并且在这些要素之外寻找其他的影响因素，特别是社会性的影响因素。

（2）采用关系嵌入性和制度嵌入性视角，以社会资本和新制度主义理论分析企业进行技术创新的社会资源和合法性压力因素。同时，尝试将企业资源基础观与合法性机制相结合，探讨企业的资源与外界制度环境给予的压力如何共同影响企业的技术创新投入。本书以珠三角地区制造业企业为例，通过量化统计方法对提出的关于相关影响因素的理论假设进行检验。

（3）采用 Tobit 模型、工具变量法（IV）、倾向值匹配法（PSM）和异质性处理效应模型（HTE）对模型进行稳健性检验。其中，采用 Tobit 模型对数据中的删失数据可能出现的误差进行稳健性检验，采用 IV、PSM、HTE 方法对统计中可能出现的内生性问题进行检验和修正。具体而言，对于知识资源、市场需求等容易产生内生性问题的变量采用适当的工具变量进行处理，用两阶段最小二乘法（2SLS）进行稳健性检验。而对企业规模影响技术创新的作用采用 PSM、HTE 进行反事实分析，尝试在减少内生性因素的情况下，考察企业的技术创新投入在多大程度上受到企业规模的影响，以及在不同类型的企业中规模的作用是否会有明显差异。

二、研究方法

（一）文献综述

文献综述是在对某一领域的相关文献进行广泛阅读和归纳的基础上，对该领域主要的学术观点、研究成果进行梳理与总结，并提出研究者自己的看法及观点的一种研究方法。通常，文献综述并不是一种独立的研究方法，而是作为推出实证研究的铺垫。

本书第二章采用文献综述研究法，后续的章节中也涉及文献回顾的成果。本书的文献综述部分聚焦于企业技术创新、社会网络和新制度主义三大部分，与因变量直接相关的包括技术创新的概念、技术创新动因机制相关理论、企业规模与技术创新关系的实证研究。在第三章理论视角部分回顾了社会网络视角下的社会资本理论与嵌入性理论、新制度主义组织社会学的合法性理论，并将两者与企业资源基础观相结合。本书通过梳理与企业技术创新相关的学科研究，对前人的观点和结论进行分析和总结，为理论推演和实证检验做铺垫。

（二）定量研究法

社会科学（特别是社会学）中有两种主要的研究范式：定性研究和定量研究。定量研究采用量化的思维，用数字化的模型及表达方式，分析、解释、检验相关的研究问题，本书的实证部分采用的正是此方法。本书以文献梳理的成果为基点，进而进行理论推演，得出研究假设；然后采用相关的实证材料，运用统计技术，验证变量之间的数学关系。在统计软件上，运用的是 Stata 13.0 统计软件，而在模型方法上，采用了包括普通多元线性回归（OLS）、White 稳健回归（WLS）、Tobit 模型、两阶段最小二乘回归（2SLS）、倾向值匹配模型（PSM）和异质性处理效应模型（HTE）在内的多种模型。

第三节　研究思路

本书首先在回顾、梳理和总结企业技术创新的理论和实证研究的基础上，结合企业资源观、社会资本理论、嵌入性理论、新制度主义理论等理论观点，识别企业技术创新的影响因素和动力机制，提出相关的研究假设和概念模型；其次采用调查数据，通过 OLS、WLS、PSM 等定量统计方法检验研究假设；最后对检验研究结果进行讨论，总结出主要的研究结论。具体谋篇布局如图 1-1 所示。

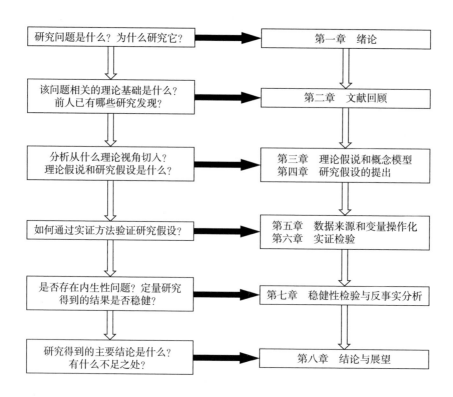

图 1-1　本书的逻辑结构

第四节　内容安排

本书各章节内容安排如下：

第一章：绪论。根据国际和国内企业技术创新的现状和企业技术创新研究的背景，提出本书的研究问题。针对研究问题提出具体的研究目标，选定适用的研究思路及研究方法。

第二章：文献回顾。首先，对本书核心概念"企业技术创新"的界定、内涵和测量等进行了梳理。其次，对企业技术创新的影响因素和动力机制的相关研究进行综述和归纳，同时对该领域的重要议题——企业规模与企业技术创新关系研究的成果进行回顾和总结，归纳出一个可参考的系统框架。再次，对本书的一个核心自变量——社会网络相关的社会资本理论与嵌入性理论进行理论的梳理。最后，回顾了与本书直接相关的组织社会学新制度主义相关背景文献。

第三章：理论假说和概念模型。首先在第二章文献回顾的基础上，采用演化经济学的相关视角界定本书的企业技术创新的概念和研究维度。其次分析了中国企业技术创新的相关制度环境，认为制度环境的合法性压力在不同特征的企业之间是有差异的。本书从资源基础观的视角，认为企业所拥有的资源是影响企业技术创新的核心因素；接着从经济社会学的嵌入性视角出发，认为企业技术创新投入受关系嵌入性和制度嵌入性的影响。制度嵌入性主要体现为合法性压力对资源的条件作用，而关系嵌入性则体现为社会网络的双重作用。最后结合本书提出的理论假说，构建企业技术创新影响机制的概念模型。

第四章：研究假设的提出。根据构建的概念模型，本书从三个方面提出了具体的实证研究假设：企业资源（规模、知识、市场、资金）与企业技术创新的关系；社会网络（生产合作、政企关系、研发合作、生产服务、公共关系）与企业技术创新的关系；与合法性相关的企业组织特征（行业协会身份、品牌情况）与企业技术创新的关系。

第五章：数据来源和变量操作化。介绍本书实证研究中采用的数据来源和样本分布情况，并对研究中涉及的变量进行操作化。

第六章：实证检验。分成两部分：首先对相关变量进行描述性分析，然后针对前文提出的研究假设，通过相关的统计方法进行检验，报告研究结果。

第七章：稳健性检验与反事实分析。针对第六章统计过程中可能出现的内生性等相关问题进行稳健性检验，对于可能出现的问题采用工具变量、倾向值匹配等方法进行处理，并与普通多元线性回归的结果进行对比。

　　第八章：结论与展望。首先针对本书实证检验部分的结果进行归纳和总结，形成主要的研究结论；其次讨论研究结论在理论和实践两个方面的价值；最后反思研究存在的不足并提出将来研究可以改进的方向。

第二章　文献回顾

第一节　企业技术创新的概念、内涵与测量

企业技术创新是一个较多学科都参与的研究领域。从概念的提出到理论的演化，企业技术创新的研究经历了将近一个世纪的发展，涌现出了不同的学术观点。其概念不断得到丰富，内涵不断得到挖掘，测量工具也越来越多样化。这一节主要介绍企业技术创新的概念界定、分类与测量。

一、企业技术创新的概念

"技术创新"的概念自提出到现在接近一个世纪，尚未有一个统一、精确的定义。熊彼特认为，创新使经济更加繁荣，创新使增长更加便利。他在《经济发展理论》一书中提出了技术创新的概念和理论，被认为是最早系统提出"技术创新"概念的学者。在他的体系中，创新是指把新的生产条件的结合和新的生产要素引入生产体系。这样的新结合主要包括：①新的产品或新的产品特性；②新的生产方法；③新的市场；④新的供给来源；⑤新的组织形式（Schumpeter，1934；熊彼特，2011）。可以说，熊彼特提出的创新概念很宽泛，包括了提高资源配置效率的几乎所有经济活动，但这还不是真正的"技术创新"概念。

从熊彼特开始，现代技术创新理论开始得到发展。"二战"结束后，伴随着第三次科技革命，越来越多的学者把关注点放在了技术创新上。Solo（1951）对熊彼特的技术创新概念进行补充，提出了技术创新的两个条件：新思想以及思想的实现。Enos（1962）则第一次明确地对技术创新进行了定义："技术创新是几种行为综合的结果，这些行为包括发明的选择、资本投入保证、组织建立、制订计划、招用工人和开辟市场等。"Utterback（1974）认为，"与发明或技术样品相区别，创新就是技术的实际采用或首次应用"。Freeman（1982）认为，技术创新

就是新产品、新过程和新服务的首次商业性转化。Lynn（1989）认为，技术创新是"始于对技术的商业潜力的认识而终于将其完全转化为商业化产品的整个行为过程"。

此后，Mueser 对技术创新的概念进行了系统的整理，在归纳的基础上，Musser 把技术创新定义为"以其构思新颖性和成功实现为特征的有意义的非连续事件"（Musser，1985）。

从 20 世纪 90 年代开始，国内学者也开始对技术创新进行研究。傅家骥（1998）认为，"'技术创新'是企业家抓住市场潜在盈利机会，以获取经济利润为目标，重新组织生产要素和条件，建立起效果更好、效率更高和费用更低的生产经营系统，从而推出新的生产工艺方法及新产品，开辟新市场、获得新原材料或建立新的企业组织形态，包括商业、金融、科技和组织等一系列活动的综合过程"。同时，他也认为，对技术创新的"新"的界定不能严格限制为"首创"，因为对于现阶段的中国而言，"首创"是很难达到的标准。许庆瑞（2010）认为，"技术创新泛指一种新的思想的形成，到得以利用并产生了满足市场用户需要的产品的整个过程，广义而言，它不仅包括技术创新成果本身，而且包括成果的推广、扩散和应用过程"。

二、企业技术创新的分类

不同产品、不同领域、不同地区的技术创新千差万别。因此，除了"概念化"之外，还必须对技术创新进行"类型化"的工作。不同学者根据自己研究的视角与重点对技术创新进行了分类。

Hicks（1963）把技术创新分为资本节约型技术创新、劳动节约型技术创新和中性技术创新。Hicks 是从新古典经济学理论出发，按资本和劳动的边际产品增加量将技术创新进行分类的。

萨塞克斯大学的科学政策研究所（Science Policy Research Unit，SPRU）基于多年的研究，从重要性的角度对技术创新进行了分类（Dosi et al.，1988），分成：①渐进性创新（Incremental Innovation），这是连续的小创新，这些创新直接来自工程师、工人与用户之手。②突破性创新（Radical Innovation），主要指根本性的产品、技术的突破与创新，这种创新数量少但影响大。③技术系统的变革（Change of Technology System），这种变革影响不同的经济部门，导致产业变化，具有深远的产业历史意义。④技术—经济范式的变更（Change in Techno - Economic Paradigm），这种变更包含许多技术系统的颠覆，改变人们的常识，影响经济社会的宏观结构，智能手机对传统手机的颠覆就属于这一类。在四类技术创新中，发生在企业层面的是①②两种类型，其中尤以渐进性创新最常见，因为突破性创新通常只发生在行业龙头企业内部，并且需要强大的科研实力支撑，大部分企业都无法实现。但渐进性创新的重要性不可低估，忽略渐进性创新会导致不能正确看待长期经济和社会变迁（Lundvall，2010）。中国的珠三角地区就是典型的渐进性创新的代表区域（丘晴和丘海雄，2016）。跟 SPRU 的类型化类似的还有将技术创新分成模块化创新、渐进创新、结构性创新和根本性创新（Henderson and Clark，1990）。

除了按重要性进行的分类，还有按创新对象进行的分类。熊彼特就将创新划分为五种不同的类型：新产品、新的生产方法、新的供应源、开辟新市场、新的企业组织方式（Schumpeter，1934）。Schmookler（1966）在创新研究的经典之作《发明与经济增长》中指出了"产品技术"与"生产技术"的区别，自此有了产品创新与工艺（流程）创新的区别。产品创新（Product Innovation）是指技术上有变化的产品及其商业化，而工艺（流程）创新（Process Innovation）是指产品生产技术的变化。Henderson 和 Clark（1990）类型下的模块化创新与结构性创新类似于产品创新与工艺（流程）创新的区分。

傅家骥（1998）根据创新进入市场时间的先后，将创新分为率先创新和模仿创新两类。率先创新指的是"依靠自身的探索和努力，产生核心概念或技术的源代码，并在此基础上依靠自身的能力完成相应的后续环节，率先实现技术的商业化，向市场推出全新的产品或工艺的行为"。模仿创新是指"企业跟随率先创新者的思路和行为，以其创新产品为范例，充分吸收率先创新者的经验和教训，通过购买等手段掌握相关的核心技术，并在此基础上对创新进行完善和改进，进一步生产和开发有竞争力的产品，参与市场竞争的一种活动"。率先创新与模仿创新的二分法较为常用，与此二分法相类似的还有三分法，即将创新分成自主创新、模仿创新、合作创新（张新艳，2002）。但这种划分有些混淆标准，三种模式也不是完全互斥，所以较少使用。

值得一提的是，今天我们所说的"技术创新"概念相对于熊彼特的五类区分法更加狭窄，主要指产品创新和工艺（流程）创新。当今学界把除此之外的创新归为"非技术创新"，主要包括服务创新、管理创新、供应链创新、组织创新、商业模式创新（营销创新）等（Johoson et al.，2008；柳卸林，2014）。

三、企业技术创新的测度与指标

对于如何对企业技术创新进行测量，主要有两大角度：技术创新投入

（Technological Innovation Input，TII）和技术创新绩效（Technological Innovation Performance，TIP）。

企业 R&D 投入是企业技术创新研究最主要的指标（Smith，1998），也是 TII 视角最常用的指标，因为研发活动是技术创新活动最主要的组成部分，与技术创新的强度、规模和水平都有很强的相关性（Bound，1984；Acs et al.，1987；吴运建等，1995）。研发与发明的不同在于其商业应用性。经济合作与发展组织（OECD）的《弗拉斯卡蒂手册》对"研发"的定义是"新知识的产生及新知识的实际应用"，包括基础研究、应用研究，以及实验发展在内的三类活动（OECD，1997）。同时，研发投入也是一个综合的指标，具体还可以分成财力投入指标、人力投入指标、物力投入指标（史晓燕，1999）。财力投入指标主要指研发费用，人力投入指标一般是研发人员比率或者研发人员数量，物力投入指标主要指装备先进程度。其中，研发费用是最流行的测量指标。直接采用企业的研发投入绝对数额是其中一种操作化的方法，另一种经常使用的测量方法是 R&D 强度：对于一个行业或集群来说，它等于 R&D 商业费用（BERD）与总产出或增加价值的比值（R&D/BERD）；对于一个国家来说，等于 R&D 总支出（GERD）与 GDP 的比值（GERD/GDP）；而对于企业而言，R&D 强度通常是研发费用与销售额的比值。相对于研发支出绝对值而言，研发强度（R&D 强度）在不同统计模型中的稳定性更高（Cerulli and Potì，2012）。技术创新的研发投入测量指标的优势在于它已经有很长的收集使用时间（Smith，1998），较容易对不同国家、部门、企业间的统计口径达成一致，是最为成熟的测量指标。此外，由于拥有综合的测量体系（财力、人力、物力），学者能够构建研发投入的综合指标对技术创新情况进行测量。但是，R&D 指标也有它的弊端：首先，R&D 只衡量了技术创新的投入部分，而对整个技术创新过程的测量不够全面（Mohnen and Kleinknecht，2002；Kleinknecht et al.，2002），不能考察企业实际上的创新效果。现实中很可能存在研发投入很大，但实际上并没有带来多少创新的企业。其次，究竟什么是研发而什么不是研发很难达成一致，如 OECD 的《弗拉斯卡蒂手册》认为研发一般不包括教育、员工培训和市场研究（OECD，1997），而对于一些企业来说，这显然是它们人力投入的一部分（史晓燕，1999）。

如果说研发投入（R&D）是测量技术创新的投入端的话，那么 TIP（技术创新绩效）指标就是测量技术创新的产出端。从狭义上理解 TIP 是指根据企业将发明创造引入市场的程度来衡量的结果，从广义上来理解是指从概念生成一直到将发明创造引入市场整个轨迹过程所取得的包括发明、技术以及创新三方面的绩效

（Hagedoorn and Cloodt，2003）。在 TIP 指标中，专利数据是最常用的一种指标。所谓专利，就是指政府与发明者签订的公开契约，它授予申请人在一段时期内对一项技术发明的垄断使用权（Inversen，1998）。西方学者中较早使用专利数作为创新指标的是施默克勒（Schmookler）。他在《发明与经济增长》一书中用专利数作为测量指标，讨论了技术变迁与经济增长的关系，引发了后来"技术推动"与"需求拉动"的长期争论（Schmookler，1966）。Soete 和 Wyatt（1983）研究发现，一国的 R&D 投入与注册的专利数有较强的对数线性关系。Frame（1991）采用 128 个国家的数据，对国民生产总值（GNP）、人均 GNP、进出口额、专利数、人均寿命等因素进行分析，发现专利数、科技论文数与 GNP 三者关系密切。经济学家喜欢用专利作为技术创新的衡量指标，主要基于以下原因：首先，专利一般授予那些具有商业前景的发明技术，与技术创新有很强的相关性。其次，专利数据一般可以免费获得。最后，专利技术是唯一一个有长达几个世纪历史的创新指标，意味着可以使用专利进行很长时期内的问题研究（Granstrand，2003；Bruland and Mowery，2009）。一种令人满意的指标，必须具备易得性、客观性、完整性、准确性，专利基本具备这四方面的条件（柳卸林，2014）。尽管如此，专利指标也有它的缺点：首先，专利更多针对的是发明而不是创新的测量，它标志着新技术原理的出现，而不是商业创新，大部分专利并没有转化成商业价值（Smith，1998）。其次，用专利衡量创新完全忽略了许多非专利的发明和创新。最后，很多企业申请专利仅仅是用来防止竞争对手对这项技术申请专利并使用它，并没有带来多少实质的技术创新效益（Kleinknecht et al.，2002）。除了专利数，还有一类使用较少的 TIP 指标——技术计量指标，包括不限于新产品数量、新产品销售比重、新产品创汇率、新产品能源利用率（Grupp，1994；Saviotti，2001；史晓燕，1999）。

除了研发投入与专利两个主流的指标以外，还有综合指标法，此类方法主要依托于创新调查进行。创新调查分为两大类：一类聚焦于企业层面的创新活动，包括创新投入与创新产出；另一类集中于具有重大意义的创新。第一类被称为"主观法"，重点是创新主体；第二类被称为"客观法"，它的对象是创新过程对技术本身的客观产出（Archibugi and Pianta，1996）。主观法和客观法并不是区别于 TII、TIP 指标的独立指标，而是对包括研发投入、专利等指标的综合运用。客观法的优势在于意义重大的新产品，主观法则常用于对小规模和渐进性创新的测量（Smith，1998）。1992 年，OECD 经过长期工作，制定了一个被称为《奥斯陆手册》的创新手册。此后，欧盟委员会协同欧洲统计局实施了基于《奥斯陆手册》的共同体创新调查（Community Innovation Survey，CIS）。CIS 是首个国际性的可比较的创新成果直接测度的创新调查。这一调查至今已经进行过 8 次①。除了 R&D 费用之外，CIS 还采用其他指标共同测量技术创新，同时考察了渐进性和根本性的创新变化。除了 CIS 以外，前文提到的萨塞克斯大学的 SPRU 数据库是另一个综合性的技术创新数据来源（Geroski，1994）。但与 CIS 偏向主观法的测量不同，SPRU 聚焦于不同行业的不同技术，属于采用客观法的创新调查。

四、小结与评述

比较现有的企业技术创新的测量指标可以发现（见表 2 - 1），它们或多或少都会存在一定的问题，并没有哪一种指标具有绝对的优势。不同学者对于技术创新的关注点不同：关注创新投入的学者一般采用 TII 指标，而关注创新绩效的学者一般采用 TIP 指标。即便是同时采用 TII 指标和 TIP 指标，也不能达到对所有技术创新的测量，正如 Arundel（1997）所说："当我们谈到一家企业在创新上花费巨大，我们谈论的不仅仅是物质的投入，还要想到使用人力资本进行思考、学习和解决复杂问题。"发生在技术创新背后的思考、讨论、灵光一现是很难甚至没办法测量的。尽管测量标准未得到统一，但近些年来，研究者还在不断设计更好的创新指标，旨在增进我们关于创新的产出、来源、工具和方法的知识（Guellec and Pattinson，2000；Hansen，2001）。虽然我们暂时无法设计出一种完美的测量方法，但我们可以通过多指标的灵活运用，以求对技术创新的近似还原。

表 2 - 1　技术创新的测量方法及评价

测量角度	测量方法	主要测量级别	优势	存在问题
TII	技术创新财力投入	企业、产业、国家	使用历史长；统计标准统一；容易获得	只测量投入端，不能测量创新效果
	技术创新物力投入			
	技术创新人力投入			
TIP	专利数	企业、产业	易得；客观；完整；准确	专利并不意味着创新；新产品忽视了创新的过程
	新产品数			
	新产品销售比重			
	新产品创汇率			
综合指标	主观法	产业、国家	指标综合，效度高	较难衡量突破创新
	客观法			较难衡量渐进创新

---

① 欧洲统计局，http：//ec. europa. eu/eurostat/web/microdata/community - innovation - survey。

第二节　企业技术创新的动力机制理论

为了探寻企业技术创新的动力机制，一代又一代的学者付出了不少努力。经济学领域的学者是最早对"创新"进行探索的先行者，但"创新"这个主题长期不被经济学重视，直到 20 世纪才慢慢开始有较多的学者进行讨论。

由于新古典经济学在很长一段时间内是经济学的主流学派，其模型强调的是市场的均衡与完全竞争，但企业的创新就意味着打破均衡以及适度的垄断，因此创新研究与新古典经济学之间有着先天不可弥合的差异，注定只能发端于经济学的边沿领域。所以创新理论的发展，经历了由"异端"走向"主流"的过程。

一、古典创新理论

熊彼特是技术创新领域开拓性的人物。他的学说与观点处于正统经济学的对立面，在当时难以被主流学界所接受。由于其鲜明的反均衡、反完全竞争的立场，直到 20 世纪后期其观点才逐渐被人们所重视。

熊彼特认为，资本主义的本质便是创新，它不断地从内部革新经济结构，引致产业突变，创新就是新的生产组合。在经济体系中，企业家进行创新，引进新组合，目的在于获得利润。一旦众多企业进入这个新的产业，产生一种新的均衡，利润就会消失，企业就会寻求新的创新（熊彼特，2008）。资本主义就是一些企业家进行创新，其他的企业追赶平摊利润，企业家再寻求新的创新的过程。

在《经济发展理论》这本书中，熊彼特第一次提出"创新"（Innovation）这个概念，也提出了自己的创新模型，被后人称为熊彼特创新模型Ⅰ，如图 2－1 所示（Freeman，1997）。在这个模型中，具有冒险精神和创新精神的企业家是创新最主要的源泉。没有企业家个人的特质，就不用谈创新。

图 2－1　熊彼特创新模型Ⅰ

在第一代的创新模型中，熊彼特认为企业技术创新最重要的影响因素是企业家个人的特质，同时也揭示了技术创新对于经济利润的作用。但同时，这一代的模型将技术创新看作一个"黑箱"，没有研究技术创新的过程、机制（柳卸林，2014；丘海雄和谢昕琰，2016）。或许是熊彼特个人也意识到了这个问题，在其随后的著作《资本主义、社会主义和民主》中，修改了自己的创新理论，不仅仅强调企业家个人特质的作用，也强调企业整体的影响，特别是垄断大企业的作用。后来大家把这一时期他提出的创新模型称为熊彼特创新模型Ⅱ（见图2-2）。与第一代模型相比，熊彼特创新模型Ⅱ同样强调了创新对于企业经济利润的作用。不同的是，在原因方面第二代模型认为技术创新来自企业内部的研发部门，是企业内部的研发活动影响了企业的技术创新活动。著名的"熊彼特假说"也来源于这一时期，具体内容是：熊彼特认为，大规模企业比小规模企业更有能力进行创新，并且也更愿意进行创新。由于大企业具有资源方面的优势，因此在面对创新所遇到的种种问题时也更得心应手，容易解决。并且，大企业容易造成适度垄断，在垄断情况下进行的创新能够产生超额利润。在超额利润的刺激下，大企业会更愿意进行创新（Schumpeter，2013）。

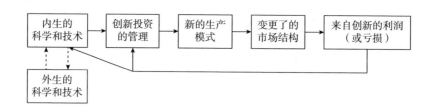

图2-2　熊彼特创新模型Ⅱ

在《资本主义、社会主义和民主》一书中，熊彼特认为技术创新已经趋于马克斯·韦伯（Max Weber）所说的理性化的过程：越来越多的企业成立自己的R&D部门，将创新变成日常和例行的活动，企业家精神和企业家个人的特质不再起决定性的作用，资本主义将慢慢走向衰落，演变成熊彼特意义上的"社会主义"（熊彼特，1999）。

将企业内部的研发活动纳入理论之中，是熊彼特创新模型Ⅱ的创新之处，但对于企业家个人特质的完全否定又显得矫枉过正。纵观熊彼特的两代模型可以发现，一代模型强调的是企业家的感性和冲动影响了企业的技术创新，二代模型则强调理性化的内部研发影响了企业的技术创新。可以说，一个过于感性看待创新，另一个过于理性看待创新，而真正的创新往往是处于极端感性和极端理性中间的某个点。而且将企业的技术创新完全归因于企业家精神、企业内部研发这类内部因素，没有考虑到外部因素的影响。另外，熊彼特的创新模型只是理论的推导，没有实证研究的支撑，其说服力会打一定的折扣。但无论如何，熊彼特绝对是企业技术创新领域先驱式的人物，其创新模型也被称作创新领域内的古典模型。

二、技术推动理论

随着新古典学派和边际学派占据经济学中的主导地位，熊彼特的理论被排挤出主流经济学的讨论领域，学界不再对创新这种反市场均衡的经济现象进行讨论。直到"二战"后，特别是熊彼特去世后，对于技术创新的研究才重新开始。

美国"曼哈顿工程"的推动者范内瓦·布什（Vannevar Bush，1945）在1945 年发表的一份报告《科学：无尽的前沿》（*Science：Endless Frontier*）中认为，基础研究是一个国家发展的基石。如果基础研究得到支持，人们就可以获得无穷的创新，也可以带来不断的经济增长。布什的思想被哈艾福纳等学者发展，形成了第一代主流的技术创新发生机制理论，称为技术推动模型，如图 2 - 3 所示。这个模型认为企业的技术创新是线性的，技术影响创新，创新影响销售，所有其他的因素都是通过影响技术环境来影响技术创新。技术推动模型是对熊彼特创新模型 II 的深化，认为比起企业内部研发，更前端的技术环境或者说知识环境是影响企业技术创新的决定因素。Ogburn（1934）认为，虽然社会需求对技术创新作用很大，但创新的根本影响因素在于知识和技术的积累；在没有社会需求时，技术创新也时常发生。美国 20 世纪 60 年代有名的调查项目——"非使命取向"的研究在技术创新中的作用是对技术推动模型很好的一次实证检验，70%的研究对技术创新有贡献（Nelson，1987），这说明科技在技术创新中有很大的作用。1973 年另一个类似 TRACE 的项目也证明了这个结论（柳卸林，2014）。

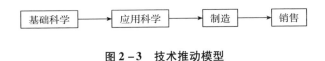

图 2 - 3　技术推动模型

技术推动理论得到了法国社会学家 Ellul 的支持。他的技术自主论认为，技术是根据自身内在逻辑发展的，而社会需求和经济投资对创新的影响仅仅是作用在了技术进步的一个方面（Ellul，1980）。英国经济学家多西（Dosi，1982）的技术轨道理论也尝试从技术推动的角度解释技术创新。该理论认为技术发展具有路径依赖。根本性创新会带来相应的技术规范，而这种技术规范会在较长的时间内固化某些路径的创新。

随着技术创新研究的深入，该理论认为科学是创新唯一原因的判断也越来越受人质疑。Rosenberg（1982）认为，"技术创新过程具有非常大的随机性、不确定性和复杂性，把技术创新看成是科学实践的积累的做法太过于把问题简单化了"。但无可否认，当代的大量技术创新主要是科学积累或技术进步的结果。科学家通过科学发现提出新的科学原理，然后工程师再根据这些原理提出新的产品构思，最后经工程设计并批量化生产产品，将新产品引入市场。英特尔公司的芯片制造、苹果公司的数码产品一直都遵循着这条创新路径。

三、需求拉动理论

技术推动理论对于创新的简单归因广受诟病，学者们也不断提出替代的模型，其中包括 Hicks（1963）提出的要素稀缺诱导创新论以及 Rosenberg（1976）提出的瓶颈诱导论。但真正对技术推动理论构成挑战的是施默克勒的需求拉动理论。他认为，技术创新本质上和其他经济行为一样，受企业追求利润动机的驱使，受市场需求的影响和制约（Schmookler，1966）。其理论被后人称为需求拉动模型，如图 2-4 所示。

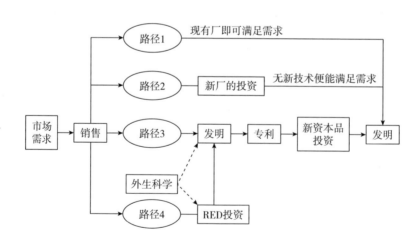

图 2-4 需求拉动模型

施默克勒是基于自己的实证研究提出的需求拉动理论。他在对美国的炼油、造纸、铁路和农业的投资、产量和专利数量的关系进行分析后发现，多个产业的产量与随后三年的专利数存在高度的相关关系，具体而言，市场需求的变化引起了投资的变化，而投资变化又先于专利变化，由此可以说明市场需求的重要性（Schmookler，1966）。

很多研究者对施默克勒的理论进行了后续检验。Myers 和 Marquis 在 1969 年做的一项实证研究支持了 Schmookler 的观点。他们考察了 5 个产业的 567 项创新，得出的结论是：在创新中，需求与技术潜力相比，是一个更重要的因素。另一个支持 Schmookler 观点的实证研究由 Langrish 等于 1972 年完成。他们对 1966 ~ 1967 年 84 项得到女王奖且在商业上成功的技术创新做了详细的分析。但他们并不赞成简单的需求拉动论，而是强调需求与技术机会在创新上的同等重要性（柳卸林，2014）。Utterback 在 1974 年做的实证研究也发现 60% ~ 80% 的重要创新是需求拉动的。斋藤优（1979）的需求资源关系假说的假设之一就是"需要是发明之母"。Scherer（1982）研究发现，在资本货物领域，投资越多，就需要有越多发明来满足这些行业的资本货物的需求。Roberts（1999）通过统计分析发现，由需求因素引起的创新占 78%，而仅有 22% 的创新是技术推动引起的。

需求拉动理论的理论核心很明确，即市场需求是技术创新活动的起点。市场对产品提出明确的要求，企业响应需求，通过创新活动，创造出适合此需求的产品（高小珣，2011）。需求拉动理论的支持者很多，但也有反对的声音。Dosi（1982）就认为需求拉动理论将技术变革看成是对市场条件变化所做的机械、消极的条件反射，仅是在既定工艺或产品上的微小技术变化，而非突破，从而抹杀了创造者的新奇性。

四、折衷融合论

技术创新的技术推动理论和需求拉动理论就像方法论上的二元对立一样，其论战持续不休，从 20 世纪 60 年代一直持续到 80 年代。各学派都相继有学者做出新的实证研究来验证理论模型，而后也有将两者相结合的方法。除了上文所说的 Langrish 将两种因素相结合的观点以外，罗森堡也做了类似的工作，与莫厄里合著的《市场需求对创新的影响》是其代表作。在著作中，他们认为"科学技术与市场需求，两者在创新中起的作用可能是互动的"（Mowery and Rosenberg，1979）。同时，他也认为"创新活动由技术和需求共同决定，技术决定了成功的可能性及成本，需求决定了创新的报酬"（Rosenberg，1976）。弗里曼（Freeman，1997）认为，大部分创新介于技术和市场的两极之间，是市场可能性与新技术可能性的富于想象力的结合，需求和科学对于技术创新来说都是不可或缺的。演化经济学派的纳尔逊（Nelson，1959）认为，技术与需求缺失了任何一方，都会使创新失去动力。技术节约了创新的成本，需求增加了预期总收入。技术创新可能带来的预期利润是由两者共同决定的。

折衷模型中最被学界所接受的当数 Kline 提出的 Chain - linked Model（创新链模型），其基本结构如图 2 - 5 所示（Kline，1985）。按照这个模型，创新不再是传统的线性模型，而是一共有 5 条路径，如图 2 - 6 所示（Kline，1985）。

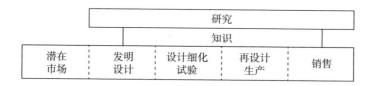

图 2 - 5　创新链模型基本结构

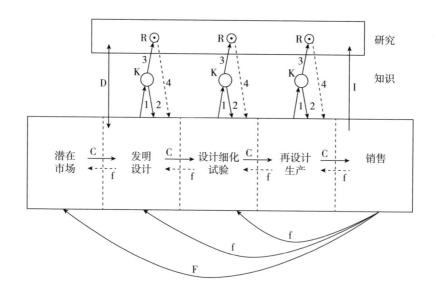

图 2 - 6　创新链模型运行路径

第一条路径用 C 表示，起于潜在的市场。潜在的市场影响发明设计，发明影响创新，创新影响销售。第二条路径是以 f、F 为标志的反馈路径。反馈表示发明设计会对潜在的市场有一个反馈的作用。第三条路径引入再研究的概念，图中用 K 和 R 表示这条路径，可以看到创新与科学的回路。第四条路径用 D 表示，说明科学不再是创新的初始点，而是创新主链上各节点都需要的东西。第五条路径用 I 表示，说明创新对推动科学技术的发展有反向作用。

可以说，创新链模型提供了较为完整的企业内部技术创新过程图景，模型也被学界和业界所广泛接受，直至今日也有较高的影响力。除了再设计、销售等末端环节，仅从技术创新的发生机制来看，创新链模型揭示了在技术创新的过程中，有时候市场需求是技术环境对于技术创新影响的中介变量，而有时候技术环境又作为中介变量影响了市场需求对技术创新的作用，两者的中介作用是相互的（丘海雄和谢昕琰，2016）。

五、协同创新论

关于技术创新的理论经历了将近一整个世纪的发展，其解释因素和模型形式不断进步，但无论如何都离不开技术和需求这两个因素。Pavitt 和 Steinmueller（2001）认为，创新要么建立在技术进步的基础上，要么建立在市场需求的变化上。如果说折衷论是将技术因素和需求因素进行各种方式的融合的话，那么协同创新论则是对传统创新理论的彻底颠覆，认为只考虑技术和需求因素的线性范式不能很好地还原创新的真相。协同创新论是一个概称，包括国家创新体系理论、知识生产的模式 2 理论和三螺旋创新理论。这三方面的理论侧重点有所不同：国家创新体系理论把企业的可商业化的创新作为研究的基本关注点，主要着眼于创新系统对于企业创新的作用；知识生产的模式 2 理论主要说明在知识生产的跨学科性以及应用性不断加强的情况下，知识生产的模式发生了变化；三螺旋创新理论更强调大学、产业和政府的相互作用，以及在创新体系中的协同演化。这三支理论构成了技术创新的协同创新论，共同点是将创新看成不仅仅是企业的行为，而是多方共同作用的结果。

创新体系理论包括国家创新体系理论、区域创新体系理论和产业创新体系理论，分别强调国家、区域、产业作为一个整体在创新中的协同作用。与主流创新理论强调技术与需求的作用不同，创新体系理论更强调非研发性质的互动学习的作用。创新体系理论着重于渐进式创新，强调了在创新中学习的重要性，认为学习像生产、分配、销售和消费一样，是一种常规活动，为新知识的获取提供了经验和洞见（伦德瓦尔，2013）。此外，创新体系理论还强调制度与组织、社会资本等非市场性因素对于创新的作用。例如，Akcomak 和 Ter Weel（2009）的实证研究发现，在欧盟 14 国的 102 个区域中，社会资本是创新的一个重要决定因素，社会资本对欧盟 102 个区域 1990~2002 年的人均收入的解释程度达到 15%。

吉本斯等（1994）认为，知识被分为理论和实践两类是受牛顿经典力学的影响，不同的人员分别进行基础研究和应用研究。在此框架下，知识创造以科学为中心，传统的学科型培育模式正是在这样以科学为中心的背景下产生的。在促进了学科专业化的同时，这种模式却也加剧了社会利益与科学之间的隔离。吉本斯等人发现，在传统的以知识生产为中心的模式1之外，正在出现一种新的知识生产模式，这种模式就被称为知识生产的模式2。模式2是在应用的情境中运作，在这一情境中，问题并不是设定于学科框架中，而是跨学科的。深处硅谷中心的斯坦福大学就是遵循模式2理论的最好体现。如果说创新体系理论强调的是创新的跨部门性，那么模式2理论则强调的是跨学科性。

此外，Etzkowitz和Leydesdorff（1995）共同提出了三螺旋创新理论。他们认为，政府、产业和大学都可以成为创新主体。为了解释在政府—产业—大学关系中的可观察的组织，两位学者认为必须超越"国家创新系统""模式2"等概念。原因在于，社会结构并非稳定不变，创新体制是在不断地转变中的。因此，只有三螺旋模型才能够概括在地方和国家层次上可观察创新行为的不同种类。从国家层次来说，政府、产业和大学这三个组织实体（制度领域）之间从前相对独立，而现在正日益交织，一起发挥作用，在创新中的各个不同阶段出现螺旋状相互交织模式，形成了所谓的三螺旋状态。三螺旋创新理论在尝试描述一种在创新过程中的社会发展现实和趋势，即学术界、产业界和政府之间日益紧密的交叉和趋同。在三螺旋创新模型中，产业、政府和大学既相对独立又相互作用，甚至在功能上相互渗透和替代（方卫华，2003）。

六、小结与评述

综上所述，目前对于企业技术创新动力机制的理论观点主要有两类：一类是遵循熊彼特所开创的创新研究的线性范式，寻找促进技术创新的企业自身的核心要素；另一类是近年来慢慢兴起的网络范式，强调协同创新中的某些要素对于企业创新的促进作用。笔者在表2-2中对这两种范式的具体理论和侧重点进行了总结。

熊彼特是企业创新研究的先驱，当代的技术创新研究或多或少都受到了他的影响。熊彼特对于内部研发的强调促成了后来的技术推动理论，而其关于垄断市场有利于创新的观点则或多或少影响了需求拉动理论的发展。可以说，技术推动理论、需求拉动理论、创新链理论这三种技术创新观点的出现都受到了熊彼特观点的影响。简单概述这些理论的观点，可以认为，影响企业技术创新的核心要素有两个：技术资源和市场需求（Pavitt and Steinmueller，2001）。

表 2 - 2　企业技术创新动力机制理论

理论	提出者	动力因素	范式
熊彼特创新理论	熊彼特	企业规模、企业家精神	线性
技术推动理论	Bush	技术资源	线性
需求拉动理论	Schmookler	市场需求	线性
创新链模型	Kline	技术资源、市场需求	线性
创新体系理论	伦德瓦尔	互动学习	网络
知识生产的模式 2 理论	吉本斯等	跨学科合作	网络
三螺旋创新理论	Etzkowitz、Leydesdorff	政产学研合作	网络

与理论研究不同的是，技术创新的实证研究则把关注点放在了"熊彼特假说"上，与熊彼特的经典假说进行理论对话，围绕着企业规模与企业创新的关系产生了大量的实证研究（Kamein and Schwarts，1978；Kumar and Saqib，1996；Bound，1984；Aghion，2005）。由于这一领域涉及文献众多，并且也是近年来创新研究关注的重点，笔者将在下一节专门介绍与企业规模相关的研究文献。

纵观创新研究线性范式的不同理论，可以发现都在强调企业某方面资源对于企业技术创新的重要性，涉及企业的市场资源和规模资源。市场资源包括技术供应市场和产品需求市场，两个市场都对企业的技术创新起着促进的作用，而企业的规模则是影响技术创新的规模资源。可以看到，传统的线性范式对于资源的强调主要还是强调企业的市场、规模等经济资源，而对于企业所拥有的网络资源等外部资源则基本没有涉及。

创新理论的另一范式——网络范式则强调企业外部合作及协同创新的重要性，具体包括创新体系理论、知识生产的模式 2 理论和三螺旋创新理论。这三种理论分别强调互动学习、跨界合作以及政产学研合作对于企业技术创新的重要性。我们不难发现，这些理论分别强调的是企业外部合作中的某些因素对于创新的重要性，并没有涉及具体的对企业影响的因果机制，称不上是完整的一套理论体系。并且，这些理论并没有将网络因素放在一个更大的框架上与影响技术创新的其他因素进行综合的比较（丘海雄和谢昕琰，2016），与传统的线性范式缺乏直接的理论对话。

第三节　熊彼特假说：企业规模与企业技术创新关系的研究

创新是一个古老的话题，自 20 世纪开始就有学者不断对其进行理论研究和实证研究。在研究技术创新的诸多话题中，企业规模与企业技术创新的关系是其中最主要的热点，也是最具争议的话题。自 20 世纪 60 年代开始，就有许多的文献对其进行讨论，研究的结论也很难统一。相当一部分研究认为两者之间是正相关关系（Kumar and Saqib，1996；Nelson，1959；Lall，1992；Vossen，1998）；同时，也有研究认为两者是负相关关系（Kamein and Schwarts，1978；Stock，2002；Shefer and Frenkel，2005）、U 型关系（Bound，1984；Aces and Audretsch，1987；Pavitt，1987）、倒 U 型关系（Scherer，1965；Aghion，2005），甚至不存在相关关系（Cohen，1987；Lichetenberg，1991；Jefferson，2006）。

一、正向关系论

熊彼特开创了技术创新研究的先河，同时也最先研究了技术创新与企业规模的关系。1942 年，他提出了著名的"熊彼特假说"，认为相对于小规模的企业来说，大规模企业在研发创新上更有优势。这一假说是熊彼特创新模型 Ⅱ 的一个部分，认为大企业才是技术进步、经济发展的中坚力量。研发创新需要大量的资金及其他资源，大企业在这方面更具优势。另外，熊彼特认为大企业能造成适度的垄断，而垄断是创新的先决条件，因为垄断能够产生超额利润，在此激励下企业才热衷于技术创新（Schumpeter，2013；胡元木和李瑶，2014）。

随着"熊彼特假说"的提出，大量研究尝试探讨企业规模和创新之间的关系。其中，有的文献得到与熊彼特相似的结论：研发的前期投入过程耗资巨大，而这种高额的固定成本是中小企业无法承受的（Comanor，1967）。Kumar 和 Saqib（1996）通过调查发现，企业研发支出与规模呈正相关关系。有的文献则在熊彼特的基础上有新的发现，例如发现企业的创新程度随企业规模增加而增长，但增加的比率是在逐步递减的（Scherer，1965），还发现研发与企业规模之间的关系接近线性，但对于不同规模的企业而言边际作用不同（Scherer，1984；Kumar and Saqib，1996）。还有的文献虽然支持两者之间的正向关系，但给予不同的解释：研发活动需要耗费巨额的资金，这是因为在创新实践过程中往往伴随着巨大风险，大企业比小企业具备更大的抗风险能力，中小企业由于抗风险能力弱而在创新上处于劣势（Nelson，1959；Lall，1992；Vossen，1998）。

还有一些不同地区的实证证据同样支持了"熊彼特假说"。Soete（1979）的实证研究对 1975～1976 年美国 700 家公司的研发支出进行研究，发现 R&D 与销售额的比例随企业规模的扩大而增大，这种现象在大企业中更加明显。王任飞（2005）通过对中国电子信息百强企业的实证分析，归纳了影响企业研发支出的 10 种内部因素，发现企业规模与研发支出显著正相关。任海云等（2010）运用 70 家制造业上市公司作为样本，发现 R&D 投入绝对额与企业规模显著正相关；在宏观层面，周黎安和罗凯（2005）使用中国 1985～1997 年省级面板数据发现，企业规模对创新有显著的促进作用，并且这种关系在非国有企业更加明显。吴延兵（2007）运用中国制造产业数据的实证研究表明企业规模对 R&D 投入有显著促进作用，"熊彼特假说"关于规模与创新的论断是正确的。

归纳支持"熊彼特假说"的文献，发现大多数是从"资源优势说"和"风险优势说"两个层面得出结论，认为大企业在资源和抗风险能力上具备优势，从而更有利于技术研发和技术创新。

二、负向关系论

虽然"熊彼特假说"被很多人接受，但仍然有不同的声音，如负向关系论从根本上否定"熊彼特假说"，认为小规模才有利于创新，大型企业会抑制创新。其理由在于：首先，小企业行为灵活，对外界变化反应快，更能够改变自身，进行创新。其次，小企业面临更大的生存压力，为了摆脱困境，在研发创新效率上必须要优于大企业。此外，大企业的官僚科层结构复杂，决策相对保守，当市场变化时不能做出应对措施；而小企业组织结构简单，在组织结构上有优势，信息很容易实现共享，各级部门之间的沟通效率较高，可以对自己的决策随时调整（胡元木和李瑶，2014）。

Dodgson（1993）和 Rothwell（1994）都认为小公司具有行为优势。在引入新的产品或新的设计方面，小公司比大公司显得更有效率，动作更快。Kamein 和 Schwarts（1978）发现，大公司在 R&D 竞赛中不具备任何优势，由于大公司内部沟通困难，并且在鼓励研发人员方面没有足够的动力，导致大公司研发效率低下，R&D 活动意愿和能力都明显弱于小公司。Stock 等（2002）利用计算机调制解调器行业的数据分析了动态创新与企业规模之间的关系，发现在该行业中小型企业的动态创新绩效水平较高。Shefer 和 Frenkel（2005）用以色列北部 209 个企业的数据进行实证研究，发现在高科技企业中，R&D 经费投入与企业规模呈显著负相关。

在国内学者的实证研究中，李平和邢丽娜（2007）利用英国贸易与工业部（DTI）网站和中国电子信息百强企业网提供的数据，应用非参数估计方法对企业规模与技术创新的关系进行了实证分析，得出中小企业创新力度较大的结论，认为应该重点扶持中小企业的创新。也有文献利用国内的制造业上市企业数据，得出结论认为无论是上市公司的 R&D 费用强度还是 R&D 人员强度都与企业规模呈现显著负相关（任海云、师萍和张琳，2010）。王京、张龑和王怀庭（2013）选取 2007~2011 年山东省高新技术制造业上市企业为样本，探讨企业规模、资本结构和研发投入之间的关系，研究结果表明，企业 R&D 投入和企业规模之间是负相关关系。

从以上中外学者的研究可以看出，"熊彼特假说"关于规模与创新的论断在现实情况中可能是相反的。正因如此，"熊彼特假说"才被称为"假说"，而不是"定律"。

三、非线性关系论

从持正向关系论和负向关系论观点的学者针锋相对的情形可以看出，大企业和小企业在技术创新方面的优势可能各有千秋，因此，有学者认为企业规模和技术创新之间的关系可能不仅仅是简单的正向线性关系或者负向线性关系，而是存在拐点的曲线关系。

倒 U 型关系论是非线性关系论中一种比较有代表性的观点，认为企业规模越大，企业的技术、资金等资源越充分，此时企业规模有利于企业的技术创新；但一旦企业达到一定规模后，容易仰仗规模效应，追求路径依赖，不继续研发探索，替代效应开始显现。因此，企业规模对于企业技术创新的作用有一个临界值，在达到临界值前，企业规模是正向作用，一旦超过临界值，作用就变成负向的。Scherer（1965）发现，在全球 500 强企业中，除了石油工业与化学工业以外，其余行业企业的企业规模和研发强度都满足倒 U 型的关系。Aghion 等（2005）利用 1973~1994 年在伦敦证交所上市的 311 家企业数据发现，市场竞争程度与创新之间呈倒 U 型关系。此外，Kamien 和 Schwartz（1975）、Jost 等（2006）的研究都得出了类似的结论。在国内学者的研究中，柴俊武和万迪昉（2003）以 800 家西安市的企业为研究对象，采用结构方程模型进行分析，结果表明企业规模与企业 R&D 强度之间呈倒 U 型曲线关系。朱恒鹏（2006）利用 10

个省市 800 余家民营企业的调查数据得出结论：民营企业规模与企业研发支出强度之间呈较明显的倒 U 型函数关系。此外，倒 U 型关系论认为，对于企业创新来说，有一个最适合的企业规模，处于最优规模的企业能够最大限度地激发创新潜力。

U 型关系论是另一个有代表性的观点。此观点认为，企业的资源达到一定的规模才能起作用，在达到一定规模前，企业的灵活性对于企业技术创新有作用，即规模越小越有利于企业的技术创新，此时满足负向关系论的观点；而当规模达到一定程度时，大企业的资源优势开始起作用，此时又满足正向关系论的观点。因此，企业规模总体上与技术创新呈 U 型关系，小企业和大企业技术创新投入大，中型企业最差。Bound（1984）的研究支持了 U 型关系论，他还认为以往的研究之所以结论差异如此之大，是因为早期研究都以 500 强企业为研究对象，样本量相对较小。Aces 和 Audretsch（1987）利用 1982 年美国制造业的数据，发现小企业和大企业在不同情境下各自具有创新优势，说明规模和创新之间呈现一种 U 型关系。Pavitt 等（1987）对英国 1945～1983 年 4378 件重大创新的研究也支持了 U 型关系论。安同良等（2006）的研究则进一步修正了 U 型关系论，他们通过观察小公司、中型公司、大公司的 R&D 强度，发现 U 型更像是一个倾斜的 V 型。

除了 U 型和倒 U 型两种主流的非线性观点之外，还有学者认为企业规模与研发的关系是三次函数的关系，R&D 投入强度随企业规模先递减后递增而后又递减（金玲娣和陈国宏，2001）。此外，也有不少学者认为"熊彼特假说"就是一个伪命题，规模与创新之间很可能没有相关关系。Cohen 等（1987）对 1974～1977 年美国 345 家企业的 2494 个经营单位的数据研究发现，企业规模和经营单位规模（销售额）对创新（R&D 密度）几乎没有影响。Lichetenberg（1991）采用 1972～1985 年的普查数据，也发现公司研发创新和规模之间无显著关系。Jefferson 等（2006）采用中国大中型制造业企业面板数据研究表明，在控制产业效应后，市场集中度和企业规模对 R&D 支出强度并没有显著影响。

四、小结与评述

从熊彼特提出"熊彼特假说"到现在已经过去将近一个世纪，企业规模与创新关系的研究一直是创新实证研究的主流，也取得了丰硕的成果，但研究结果千差万别，至今仍未能得出定论。

纵观已有的规模与创新关系的实证研究，结果不一致的原因主要有三个方面：一是采用的测量方法千差万别。对于创新的测量，有用研发人员数量作为创新的衡量指标，也有用研发支出、专利数等指标进行测量。采用不同的测量指标，将会得出不同的结果，正 U 型及倒 U 型的结果完全取决于选用的是什么指标（Bound，1984）。在采用研发支出测量的文献中，采用 R&D 费用强度还是 R&D 投入的绝对额也会产生相反的结果（任海云、师萍和张琳，2010）。同样，对于企业规模的测量，使用员工数量还是经济指标，同样会得出不同的结论。

二是许多研究忽略了两者关系中的条件变量，也有学者尝试探寻影响两者的第三变量：如所有制机制，企业规模对创新的正向关系主要存在于非国有企业中，而不是国有企业中（周黎安和罗凯，2005）；如所属产业，在控制产业因素后，市场集中度和企业规模对 R&D 支出强度并没有显著影响（Jefferson et al.，2006）；如资本结构，企业规模和资本结构对 R&D 投入存在交互影响（王京、张冀和王怀庭，2013）。除了条件变量，两者关系很可能不是直接作用，而是存在中介变量：如技术竞争力，企业规模通过无法观测到的技术竞争力间接影响 R&D 投入（Lee，2002）；如企业的盈利能力，企业规模通过影响盈利能力，从而影响 R&D 投入（张西征等，2012）。

三是样本代表性的问题。由于企业规模差异性太大，实证资料很难一次性做到在不同规模上企业的代表性，选取的企业样本不同，往往决定了结论的不同：有学者认为 U 型关系只存在于中小型的企业中（金玲娣和陈国宏，2001），而倒 U 型关系只存在于大型企业中（Bound，1984；金玲娣和陈国宏，2001）。

关于企业规模与技术创新的因果机制，争论一直存在，但是对影响企业规模与技术创新关系的第三变量的探索大多集中于内部因素，对外部因素涉及较少，即便涉及也仅限于经济因素，几乎不关注社会情境因素。这种情况可能是由于目前有关规模与创新的研究主要是由经济学和管理学主导，将来的研究可以更多关注社会情境因素。此外，企业的技术创新是一个复杂的经济行为，不仅仅是企业规模所能决定的。对于影响技术创新的其他原因，也值得我们进行更多的挖掘。企业规模是企业资源禀赋的象征，但这种资源更多的是一种内部资源。在下一节中，笔者将探讨一种对企业而言非常重要的外部资源，那就是由关系网络构成的企业社会资本。

第四节　社会网络、社会资本与嵌入性

社会网络视角是社会学研究的经典视角，在社会学各领域得到广泛应用，并

且其影响力也逐渐扩散到其他学科当中。我们知道，经济学被接受程度高主要是因为其雷打不动的前提假设以及操作性很强的概念和命题。而在社会学学科内，由于各研究领域的理论旨趣不同，加之定性方法与定量方法在方法论上的鸿沟，导致现代的社会学学科在越来越精细的同时，很难再出现古典三大家（涂尔干、韦伯、马克思）时期的大一统理论。而社会网络理论以其精练的前提假设[①]、易于量化的概念和命题以及相对统一的研究范式，逐渐获得学者们的认同，亦有成为新的社会学大一统理论之势。

虽然社会网络是近年来才逐渐兴起的理论和方法，但却有着古老的理论渊源。"社会网络"这个概念发轫于德国社会学家齐美尔（Simmel）的理论学说。他认为，当一个人加入某个群体的时候，会受到群体的约束，由此建立起的群体和个人之间的基本关系就是社会网络关系（周雪光，2003）。比较涂尔干和齐美尔的思路可发现，涂尔干更偏向于从共享观念的视角来解释群体和个体的关系，认为个体对文化价值的认同产生了群体。与此相对应的是，齐美尔认为是个体之间的相互关系塑造了社会群体，因为个体所处的社会关系不同，他们的群体感也不同。此外，齐美尔对于社会网络的另一个思想是，人是生活在社会关系中的人，他的很多行为受到关系网络的影响，而这种影响更多的是一种约束。

怀特（Harrison White）是当代社会网络理论的代表性人物。他从社会网络视角解释市场的渊源，认为市场是关系密切的企业通过相互观察彼此行为而产生的社会结构，且通过这种重复关系而自我再生（White，1981）。以怀特为代表的结构性网络学派在20世纪70年代曾一度活跃，后因在理论上没有突破，在20世纪末曾一度沉寂。而近年来由于计算机技术的飞跃发展，发展出一些新颖的网络分析技术，结构性网络学派才慢慢重回人们的视线。

而在结构性网络理论的低潮期，有两个理论视角却把社会网络的思想发扬光大，分别是科尔曼（Coleman，1994）提出的社会资本理论和格兰诺维特（Grannovetter，1985）提出的嵌入性视角。前者后来经过林南（Lin，2002）等的发展，成为一套完整的社会资本理论范式，逐渐成为社会学界主流的分析性概念，人们称其为功利性社会网络流派；而后者则经过博特（Burt，1992）等的发展，成为组织研究及经济社会学领域的理论纲领。

怀特的结构性社会网络理论在谈社会网络的影响时，没有说明网络是不是一个独特的机制，网络是服务还是制约人们的自主性，以及网络作用的具体机制是

---

① 即结构同构性（Structural Equivalence）假设，认为处于同样结构位置的人，行为应该是一样的。

什么。抓住这点，学者们认为怀特的学说没有说清楚网络影响的因果机制，因此社会网络理论并不是一个独特的理论（周雪光，2003）。而社会资本理论和嵌入性理论恰好能在影响机制上给社会网络理论以补充。下面分不同小节介绍社会网络的两个理论视角：社会资本与嵌入性。

一、社会资本的提出与发展

社会资本（Social Capital）是功利性社会网络视角的代表性理论视角。社会资本概念在 20 世纪 70 年代末 80 年代初由布迪厄（Bourdieu，1980，1986）正式提出，经由科尔曼（Coleman，1988，1994）、普特南（Putnam，1993，2001）的进一步应用和阐释，20 世纪 90 年代以后逐渐在社会科学多个学科领域内流行，研究范式得到肯定和认同。社会资本概念及研究范式是当今经济学和社会学领域在方法和内容上的突破。二十多年来，社会学家运用社会资本概念来分析个人、集体、组织与社会的各类行动，取得了不少成果。

布迪厄认为资本有三种不同的形式，分别是文化资本、经济资本和社会资本。社会资本是"实际或潜在的资源集合，这些资源与由相互默认或承认的关系所组成的持久网络有关，而且这些关系或多或少是制度化的"（Bourdieu，1986）。社会资本能够转化为经济资本，社会资本的投资和积累依赖于行动者可动员的关系的规模，依赖于和行动者有关系的个体拥有的文化资本、经济资本和符号资本的质量和数量。

人们认为是科尔曼第一个从学理上对社会资本概念给予了最全面的界定和分析。科尔曼在他的理论中分析了社会资本在人力资本中的作用。他将社会资本概念应用于中学生辍学的案例分析，提出了社会资本的三种类型：职责与预定、信息网络及社会准则（Coleman，1988）。在 1990 年出版的《社会理论的基础》中，科尔曼对社会资本的概念、类型、特点等进行了详细的阐述。他认为社会资本和其他形式资本一样，也是具有生产性的。而缺少社会资本的时候，某些目的便不能实现（Coleman，1994）。他同时认为社会资本具有两种特性：一是社会资本的不可转让性，即它难以被轻易交换；二是对于受益者来说，它不是一种私人资产，更具有公共物品的性质。他还强调人的行动不仅受制于金融资本、人力资本，还受制于社会资本。

真正让社会资本概念引起广泛关注的是普特南。他对意大利进行了长达 20 年的跟踪研究，分析不同地区的政府机构的运作情况，理解制度的效率对经济、社会与文化背景的依赖，揭示在经济发展和政府绩效中社会资本的作用。普特南认为，社会资本指的是社会组织的特征，如规范、网络和信任，社会资本能提高社会的效率（Putnam et al.，1994）。在普特南的概念框架下，社会资本更多是地区或社区的一种属性。在社会团体、公民参与、社区参与等议题下，普特南的社会资本概念经常得到使用。

林南（Lin，1982，1995，1999）对于社会资本的阐释则开创了社会资本理论的另一条道路。他认为，社会资本嵌入于社会网络中，是人们通过社会关系获取的资源。林南的社会资本理论把"社会资本""社会网络""嵌入性"三个概念都串联到了一起，当今经济社会学的关系嵌入性研究大多沿袭的是林南的视角。张文宏（2003）认为，林南对社会资本概念的表述、指标测量和理论模型的建构做出了最大贡献。林南（Lin，1999，2002）将社会资本定义为"嵌入于一种社会结构中的亦可以在有目的的行动中摄取或动员的资源"，包括三种成分：嵌入于社会结构中的资源、个人摄取这些社会资源的能力、通过有目的的行动中的个人运用或动员这些社会资源。

二、社会资本的定义与测量

社会资本是一种资本形式，但在概念界定上，不同学者从不同角度和研究对象出发，给出了不同的定义。Brown（1999）进行了系统性的归纳，在微观、中观和宏观三个层面对社会资本的不同文献进行了整合综述，构建了社会资本的概念体系，分别称为嵌入自我的观点（如 Coleman、Potes）、结构的观点（如 Burt）以及嵌入结构的观点（如 Brown、Zelizer）。Adler 和 Kwon（2002）认为，现有定义大多相似，但也存在一些明显的区别。首先，这些定义在是否关注社会资本的本质、来源或作用方面存在不同；其次，它们关注的焦点不同：①个体保持与其他个体的关系；②集体内部个体之间的关系结构；③以上两者的结合。第一种主要关注社会资本作为一种资源存在于将核心个体（组织）与其他个体（组织）相联系的社会网络中，第二种关注集体的内部特征，第三种定义则介于中间。

关注外部关系的称为连接型（Bridging Forms）社会资本，关注内部的称为聚合型（Bonding）社会资本。前者类似于格兰诺维特的"结构嵌入性"，后者类似于他的"关系嵌入性"（王宁，2014）。对于社会资本的定义，大多数文献都能达成这样的共识：①社会资本是某种资源；②社会资本嵌入于某种网络或社会结构，是嵌入性的产物；③社会资本有一定的功效。

卜长莉（2005）总结出社会资本目前的定义主要有五种类型：①资源说，认为社会资本是一种行动者通过对体制化关系网络的占有而获取的潜在或实际的资源集合体，是从社会网络中动员的资源；②能力说，认为社会资本是个体与社会的联系以及通过这种联系获取稀缺资源的能力；③功能说，认为社会资本是能为人们带来便利及功效的社会资源；④网络说，从形式上认为社会资本就是社会网络；⑤文化规范说，认为社会资本的本质是守规矩、互惠和信任等文化规范。社会资本是一种无形资本，它由一些很难量化的概念组成，比如社会网络、规范等，不同学者给出了不同的测量方法及指标，目前还没有统一的测量方法及标准（韦影，2010）。林南等（Lin et al.，2001）提出了社会资本研究的三个范式——社会网络、民间聚集和信任，并指出社会资本相关理论的发展应该以网络和网络中嵌入的资源为基础，当下对于社会资本的测量主要围绕着这一层定义来进行。

网络测量法包括定名法（Name Generators）和定位法（Position Generators）。定名法比较常见，通常是提问一个或几个关于自我在某种角色关系、内容或亲密关系中以及交往者的特征，这种方法在网络分析的文献中被广泛使用（Campbell et al.，1986；Sprengers et al.，1988；Boxman et al.，1991）。定名法有不少缺陷，如会受到角色关系及所提到人数的影响（Campbell and Lee，1991）。定位法使用社会中特征显著的结构位置作为指标，要求回答者指出每一个位置上是否有交往者，并确定自我与每一个位置的交往者的关系，包括网络的规模、密度、同质性、异质性、内聚性和封闭性等（Lin and Dumin，1986；Hsung and Hwang，1992；Volker and Flap，1999；Bian，1997；Zhao，2002）。此外，Burt（1992）开创了网络形式的测量法，格兰诺维特（Grannovetter，1973）在关于弱关系的研究中，通过互动频率、情感密度、熟知或相互信任程度以及互惠交换等指标测量关系（网络）的强弱。赵延东和罗家德（2005）指出，在测量集体社会资本时，学者的重点主要集中于社会参与、信任、社会联结和规范这几个方面。而在测量个体社会资本时，学者多使用社会网络分析法，对个体网络中包含的资源进行测量。刘林平（2006）提出，可以从维持关系的投入费用角度来测量社会资本。朱国宏（2005）认为，社会资本的测量包括两个方面：①对态度、规范、价值观等认知性要素的测量；②对社会联系、社会网络等结构性要素的测量。

三、企业（组织）社会资本

关于社会资本的研究，起初都以个人为主体。后来研究者们发现，社会资本其实可以在很多层面上进行拓展，如组织层次和组织间层次，乃至整个国家层次等（Tsai and Ghoshal，1998）。Koka 和 Prescott（2002）认为，"由于社会资本是社会行动者从社会关系网络中所获得的一种资源，企业作为有目的的行动者，社会资本的逻辑不可避免地要被一些学者扩展到企业层次"。不同学者对于企业社会资本的定义不同，但主要有以下两类：

（1）资源说。Nahapiet 和 Ghoshal（1998）把企业社会资本定义为"嵌入于个体或社会单元而拥有的关系网络中的实际或潜在的资源"。Leana 和 Buren（1999）把企业社会资本定义为在组织内社会关系中存在的特质资源。企业社会资本通过组织成员层次上对集体目标的追求与相互信任来促进集体行动的成功。它是一种既有益于组织（如为股东创造价值）也有益于成员（如提高雇员的技能）的资产。Gabby 和 Leenders（1999）认为，企业社会资本是指切实或实际的资源的集合，它们通过企业行动者的社会关系自然产生于企业行动者，并促进目标的实现。这些行动者在某种意义上经由一系列关系联结在一起。同时他们还提出，社会资本的测量包括关系取向和结构取向。周小虎和陈传明（2004）把企业社会资本定义为"那些能够被企业所控制的，有利于企业实现其目标和实现目标活动的，嵌入于企业网络结构中实际的或潜在的资源集合"，认为社会资本为企业相关的活动提供了便利，它从认知因素、结构因素、关系因素三个方面影响知识创造过程。刘林平（2006）把社会资本定义为"动用了的、用来从事生产性的经济活动的社会网络或社会资源；而从本质上而言，是企业为了其生产经营活动建构自己的关系网络的交易费用"。社会资本蕴含在关系网络中，而这种关系网络的使用并不是没有成本的，这些费用就是网络中的交易费用，以非技术性干股和公关费用的形式显现，开创了企业社会资本的费用测量法。

（2）非资源说。边燕杰和丘海雄（2002）提出，企业社会资本是企业通过纵向联系、横向联系和社会联系获取资源的能力。他们用企业法人代表是否在其他任何企业工作过及出任过管理、经营等领导职务，是否在上级领导机关任过职以及企业法人代表的社会联系和交往是否广泛三个指标分别测量横向联系、纵向联系和社会联系。张其仔（2000）将企业的社会资本分解为三种类型：第一种储存于管理者之间，第二种储存于工人之间，第三种储存于工人与管理者之间。他同时认为，社会资本是某种促进合作的资源，所以他用企业中合作程度的高低来测量企业所拥有的社会资本。Luo 和 Park（2001）将"关系"看作企业的社会资本，他们对中国企业的关系网络进行实证研究，探讨关系对公司绩效的影响。Yli – Renko 等（2002）将企业的社会资本分为外部和内部两个部分。外部社会资本包括客户参与、管理层的联系、供应商的参与。内部社会资本包括员工的工作是否包括不同的职责、组织内部不同部门之间的合作程度、企业内部员工是否轮岗、企业内部团队工作的重要性。

四、嵌入性的提出与发展

嵌入性（Embeddedness）是新经济社会学的纲领性主张。经济社会学以从社会视角分析经济问题或经济现象见长，Zelizer（1988）曾经总结了经济社会学对于经济分析的三种范式，包括：①文化的解释；②社会结构的解释；③多重市场解释。嵌入性则是贯穿了这几个解释维度的线索性概念。学界倾向于把嵌入性视为一种视角，而不是一种具体的理论。

学界主流观点一般认为波兰尼（Polanyi）最早提出了"嵌入性"这个词[①]，但没有给予明确的概念定义。他在 *The Great Transformation* 一书中提出人类的经济行为都潜藏于社会关系当中，主张经济体系在社会关系中的整体嵌入观（Polanyi，1957）。他认为市场制度不过是诸多社会制度中的一种，因此市场关系是比整体社会关系更小的一个范畴，从属于社会关系。在波兰尼看来，市场不仅与其他经济制度模式无高下之分，甚至在历史长河中其重要性还不如其他制度模式。因为在资本主义以前的社会，市场尽管也存在，但却处于社会的边缘位置并受严格管制（符平，2009）。波兰尼的这一番描述颇有历史制度主义的味道。Gernici（2008）认为，波兰尼在讨论嵌入性时混用着两种逻辑：既把它作为一个解释性的变量分析经济在多大程度上与其他社会建制互相作用，又把它作为整体主义的方法论原则，提出经济生活只能作为社会关系和社会建制的一部分才能进行分析研究。诸多学者都认为波兰尼的嵌入性思想把经济看作嵌入的，但又同时把经济看成是"非社会"的东西，这种既"嵌入"又"脱嵌"的矛盾被称作"市场悖论"（Krippner et al.，2004；Gernici，2008；符平，2009）。在整体与局部、嵌入与脱嵌之间的摇摆导致波兰尼的嵌入性极富逻辑张力，很难形成成熟的分析框架。让"嵌入性"这个概念真正得到普及的是格兰诺维特（Mark Granovetter）。他在1985年发表的《经济行动与社会结构：嵌入性问题》中，虽没有给嵌入性一个明确定义，但他在波兰尼的基础上将嵌入性概念具体化了。他总结了政治学家、历史学家、人类学家和社会学家的观点，认为大多数研究者的观点是，在前市场社会中，经济行动和经济行为相对而言较大程度地嵌入在社会关系当中，而在现代社会中经济行为变得更加独立，即在现代社会中，作为分化和越来越独立的部分，经济交易不再受到血缘或社会关系的职责或义务的限制，而是基于利益的理性计算。在此后的讨论中，有些学者摒弃了市场社会嵌入性弱、前市场社会

[①] 有学者认为最早提出"嵌入性"概念的是 Richard Thurnwald，在其1932年的著作中他就用德语提出"嵌入性"概念（Beckert，2007）。

嵌入性强的二分法。格氏在陈述了这些颇有争议的观点之后，提出自己的论点，认为经济行为的嵌入性水平在非市场社会中没有发展理论家和实体主义者所宣称的那么高，在市场社会中也没有他们认为的那么低，但比经济学家和形式主义者所认为的要高。他在评论古典社会学家的"社会化过度"和经济学家的"社会化不足"的基础上，认为行动者有目的的行动嵌入在不断变化的、具体的社会关系之中，这样的认识论才适合对经济行为进行分析（Granovetter，1985）。嵌入性理论既挑战了功利的、社会化不足的、新古典经济学的行动者模型，也挑战了功能主义的过度社会学的行动者模型（Ghezzi and Mingione，2007）。

在格兰诺维特和此后嵌入性理论的研究者眼中，各种市场行为包括定价、生产、招聘、技术创新等，都会受到嵌入的社会结构和网络的影响（Grannovetter，2005；Uzzi and Lancaster，2004；Yakubovich et al.，2005）。格兰诺维特的学生乌兹（Uzzi）进一步推进了嵌入性概念的实证操作性和理论分析性。他将嵌入性概念操作化，并研究具体的关系如何影响经济行动：在嵌入性的视角下，经济市场上的行动者的动机不仅仅是追求眼前的利益。他的研究发现，企业和市场上的相关企业保持紧密的联系，对于复杂信息和隐性知识的传递十分重要，也可以减少原子化交易的不确定性，有利于企业提高竞争实力和生存机会（Uzzi，1996）。在另一个研究中，他发现不仅企业与有交易及生产合作的企业之间的强关系十分重要，与银行这样的其他类型组织之间的关系也很重要；如果关系双方能保持互惠期望和较高的信任，将有利于商业合作中的互利共赢（Uzzi，1999）。

Uzzi 的研究是嵌入性概念在企业研究中很好的应用，同时也阐释了社会网络与社会企业如何对企业的经营和效益产生影响。

五、嵌入性的类型化

从类型化的角度，格兰诺维特把嵌入性分成两种：关系嵌入性和结构嵌入性。前者是指经济行动及其结果受到行动者个人关系的影响，后者是指经济行动及其结果受到个人所拥有的关系网络结构的影响（Granovetter，1985）。陈纯菁（Chan，2009）认为，关系嵌入性强调的是关系的内容（意义、情感、期待等）对经济行为的影响，而结构嵌入性强调的是关系的形式，即网络结构对个体经济行为的影响。在之后的理论发展中，与社会资本理论相结合，前者发展为关系嵌入的视角，强调关系的实质内容的影响，该流派的代表人物有 Uzzi；而后者则发展为结构主义的网络分析，从结点与关系线等角度分析关系的作用，其代表人物是伯特，代表作为《结构洞》，后来网络分析逐渐成为一个单独的研究分支。虽然后来 Zukin 和 DiMaggio 等人对嵌入性进行了新的诠释和新的发展（Zukin and DiMaggio，1990），但至今关系嵌入性视角依然是嵌入性理论里最重要的一个视角。Moran（2005）认为，结构嵌入性在执行导向的任务中发挥更大的作用，而关系嵌入性则在创新导向的任务中发挥更大的作用。

在嵌入性领域另一个主要的维度是制度嵌入性。事实上，制度嵌入性的提出比关系嵌入性更早。波兰尼在提出"嵌入性"的时候认为，"人类经济嵌入在经济或非经济的制度当中，在这当中的非经济制度是非常重要的。因为在分析经济的有效性时，政府和宗教可能像货币制度或减轻劳动强度的工具与机器的效力一样重要"。波兰尼提出了三种整合模式的经济（实际上就是三种制度环境）：互惠经济、再分配经济、交换经济。互惠的整合效应取决于对称性的亲属系统，再分配的整合效应取决于中央化组织，交换的整合效应取决于价格制定。市场经济制度不过是历史上出现过的一种特殊的制度（Polanyi，1957）。实际上，三种制度安排之间通常不是变迁的关系，而有可能同时存在。此外，Dale（2011）也批评波兰尼的嵌入性没有说清楚是经验性术语还是理想类型。所以，尽管制度嵌入性的视角先于关系嵌入性，但接受程度一直不如关系嵌入性。

伴随着新制度主义组织学派的兴起，制度嵌入性才重新进入大众视野。倪志伟和英格拉姆批评格兰诺维特的嵌入性既不能解释国家、法律、调控、合同、产权的组织等正式制度对经济的影响，也不能解释社会规范等非正式约束对经济的作用。他们认为，要把制度整合到新经济社会学中，就要超越网络嵌入性，把制度和网络纽带连接起来（Nee and Ingram，1998）。对于制度嵌入性，Dequech（2003）认为就是体现文化的作用，也就是一种共享的思想和行为的习惯。他赞成老制度经济学派的观点，认为文化和制度之间存在共同之处，两者都基于思想和行为的习惯。文化对经济的影响实际上就是制度对经济行为的影响。文化嵌入性实际上表达的就是制度嵌入性的意思。制度嵌入性分别从规范、认知、价值和情感等角度形塑了人们的行为。制度嵌入性说明制度对人的行为的影响既包括构成性的（文化工具箱），也包括调节性的（规范）。前者更多指的是非正式制度，而后者更多指的是正式制度。诺斯（2004）的研究也表明，一个社会的游戏规则，由非正式规则（习俗、行为准则和自我约束的行为规范）和正式规则（成文法、普通法、规章）组成。制度为人们的行动提供了"可为"和"不可为"的指引性路标和约束性条件。

六、社会网络与技术创新

20 世纪 80 年代以后，学界逐步意识到创新过程的系统性、复杂性和非线性，发现创新越来越多地发生在企业的外部关系间，而不仅仅是企业内部（Powell and Brantley，1992），为此提出了新的创新理论视角，被称为创新研究的网络范式，其中较有代表性的理论包括知识生产的模式 2 理论、创新体系理论和三螺旋创新理论，统称为协同创新论。经济学、管理学的协同创新论较为关注企业外部的协同创新，而不再关注内部创新。与此相对应的是，经济社会学仍主张采用网络范式对企业内部创新情况进行分析（丘海雄和谢昕琰，2016），而社会资本和嵌入性就是此种网络范式中被运用到的概念。

Powell（1996）指出，创新能力强的企业和产业通常都具有合作关系普遍、组织间网络紧密、信息传递和获取意识强烈等特征。社会网络发达的企业，创新能力会更强。Tsai 和 Ghoshal（1990）通过对电子行业的实证研究发现，企业的社会资本对企业获取技术和市场信息、促进员工间的沟通和交流起着重要的推动作用。Maskell（2000）认为，企业社会资本正向作用于技术创新，他认为拥有众多社会资本的企业或多或少都拥有一定的竞争优势，它有助于降低不法行为的发生率、可靠信息的获取、对协议的遵守等。企业社会资本通过降低信息搜索成本、决策成本及实施成本等促进企业的技术创新。Greve 和 Salaff（2001）认为，社会资本对于现有知识的整合和新思想的产生起着非常重要的作用，有助于企业更好地开展技术创新。Landry 等（2002）通过对蒙特利尔西南部某区域不同产业的制造业进行调查，认为社会网络的不同形式（商业网络、信息网络、研究网络等）对创新决策都有一定的影响，其中研究网络的作用非常突出。

在国内学者的实证研究中，颜琼和成良斌（2006）认为企业内部和外部的社会资本都对企业技术创新有促进作用。周立军和何自力（2009）提出了一个由知识、学习和社会资本构成的创新网络运行的综合框架。吴晓波和韦影等（2005）基于我国制药企业技术创新的现状，认为企业利用与科研院所和同行业企业间的社会资本可以促进企业技术创新能力的提高。许冠南及其同事通过案例收集，采用定性研究的方法，认为关系嵌入性能够促进企业的探索型学习从而影响企业的技术创新（许冠南、周源和刘雪峰，2011）。朱彬钰（2009）对广东省中山市大涌镇纺织产业集群进行问卷调查，并采用结构方程模型进行分析，从而得出结论：企业的社会资本通过影响企业的吸收能力，从而提高创新绩效。

七、小结与评述

在经济社会学研究中，社会资本是嵌入性视角的一个操作性概念，但不同学者根据不同的研究对象及研究旨趣给了社会资本不同的定义。虽然定义繁多，但大多数文献都能达成这样的共识：①社会资本是某种资源；②社会资本嵌入于某种网络或社会结构，是嵌入性的产物；③社会资本有一定的功效。对于企业来说，社会资本和企业规模、资金、技术等一样，都是企业的资源禀赋，都能为企业带来绩效。不同之处在于，其他的资源都是企业内部的，而社会资本则是嵌入性的产物，所以社会资本的作用更多的是外部社会环境的作用。此外，现阶段技术创新研究中采用网络视角的文献多来自经济学和管理学领域，在这些研究中，学者们仅仅是借用了社会学的社会资本概念，认为社会资本与企业内部的技术和资金等一样是企业的资源，不同之处仅仅在于其外部性。而作为社会学的重要概念，社会资本在技术创新中的作用可不仅仅是外部资源那么简单。

研究者常将嵌入性与社会资本放在一起进行分析，但社会资本并不等于嵌入性，原因在于嵌入性不仅仅包括关系嵌入性，还包括其他类别。格兰诺维特的关系嵌入性视角作为新经济社会学的纲领性概念提出之后受到赞同的同时，也受到一些挑战。Zukin 和 DiMaggio（1990）就认为嵌入性不仅仅是关系嵌入性，他们把嵌入性区分为四种类型，分别是认知嵌入性、文化嵌入性、结构嵌入性和政治嵌入性。认知嵌入性指思维过程的结构性规律对经济理性构成限制的情况；文化嵌入性指的是共享的集体理解在形塑经济策略和目标上的作用；结构嵌入性指的是经济交易受到当下的关系结构的影响；政治嵌入性指的是涉及经济行动者和非市场制度的权力斗争形塑经济制度和决策的模式。王宁（2014）认为，文化嵌入性可以理解为非正式制度嵌入性，政治嵌入性在宏观层面可以理解为正式制度嵌入性，认知嵌入性则同西蒙所说的"有限理性"一样，结构嵌入性则是继续沿用格兰诺维特的关系与网络的观点。此归类实际上是把文化与政治因素归为制度嵌入性，认知嵌入性则作为理性选择理论的补充。所以说，嵌入性的要素除了关系以外，还应包括制度。本节主要介绍了关系的视角，而在下一节则主要介绍制度理论。

第五节　新制度主义与合法性理论

对于企业现象的研究，除了管理学、经济学和政治学外，组织社会学也从自己学科的角度研究企业组织的目标、行为、结构、功能和发展规律（周雪光，2003）。早期组织理论认为组织是封闭的，后来认识到了环境与组织之间的相互作用，研究的中心内容转向了组织如何与环境进行各种资源和信息的交换。从

20 世纪 70 年代开始，组织社会学新制度主义学派发展兴旺起来，占据了重要的理论地位，主要的代表人物为迈耶（John Meyer）、迪马吉奥（Paul DiMaggio）、鲍威尔（Walter Powell）和斯科特（Richard Scott）等。制度学派一直站在新古典经济学的对立面与之进行对话（鲍威尔和迪马吉奥，2008）。制度学派对理性选择理论及新古典经济学以工具理性为行为基本假设提出了两个层次的批评：一是人类的许多行为无法用理性行为假设来分析。组织制度学派强调人的行为经常不受功利主义的驱动，而是在强制、模仿及规范压力下，在很多情况下更多出于合法性的考虑而趋同，此类行为往往与组织效率无关（Meyer and Rowan，1977；DiMaggio and Powell，1983）。二是理性行为本身的选择偏好来自制度，而不是一种外在的、先验的存在（鲍威尔和迪马吉奥，2008）。

一、社会学意义下的制度

"制度"是古老而又被广泛使用的概念，不同学科及学派对它的定义不尽相同。社会学家帕森斯（Parsons，1954）认为，制度就是模糊化的期待系统，它对扮演特定角色的个人的恰当行为进行了界定。那么什么是制度呢？康芒斯（2013）认为，制度就是集体行动控制个人行动。新制度经济学的代表人物诺斯（North，1990）将制度分为正式制度和非正式制度，他指出："制度是一个社会的游戏规则，或更规范地说，它们是为决定人们的相互关系而人为设定的一些制约。"在两种不同的制度类型中，正式制度较好界定，包括国家、地方政府和其他权力组织制定的法律、法规、政策、规章、契约等。非正式制度主要指行动者在互动中形成的共识性的习俗、习惯、道德伦理和规范等行为框架准则。正式制度与非正式制度的实施特征也属于制度内容（North，1993）。

除了制度经济学以外，社会学的新制度主义也对"制度"有自己的定义。斯科特（Scott，1987）将社会理论对制度的定义总结为：相对持久的社会信念系统形成了社会制度，是与家庭、工作、宗教、政治等社会系统中的各种功能领域相联系的社会组织化的惯例。制度是社会变迁的对立面，一个社会的制度有很强的稳定性，是社会延续的主要机制（Hertzler，1961）。吉登斯（Giddens，1998）认为制度是社会生活中相对持久的特征。他还认为规范与规则要有效，就必须得到具有奖惩作用的权力机构的支持（Giddens，1998；Sewell，1992）。Jepperson（1991）通过对社会学界关于制度不同定义的梳理，将制度定义为：制度是社会建构的，习惯性地再生产的规则系统或程序。

社会学领域下的新制度主义也分为不同的流派。历史社会学的新制度主义

（或称历史制度学派）认为理性与制度是不可分割的（Thelen，1999）。历史制度学派指出，理性只能是具体的，而不是像经济学和理性选择理论主张的那样，在一个具体的场景之前就界定一个先验的选择偏好。一定时空条件下的经济、政治以及意识形态等制度因素直接塑造行动主体关于目标和利益的界定（Lindberg et al.，1991）。历史制度学派不否认行动者的策略性目标，但强调只有通过历史研究才能揭示行动主体为什么选择这一些目标而不是另一些（Thelen，1999）。

组织社会学的新制度主义（或称组织制度学派）把制度定义为："能约束行动者并提供秩序的共享规则体系，这个体系既限制行动主体追求最佳结果的企图和能力，又为一些自身利益受到同行的奖惩体制保护的社会集团提供特权。"（Powell and DiMaggio，2012）组织社会学的新制度主义通过微观层面个体的认知特点来解释宏观层面的制度化过程中的趋同现象，认为制度不是一个先验的价值存在内化给个体，而是一个在个体互动的过程中被建构出来的产物。换言之，所谓的制度就是"行动主体作为群体在内部成员之间共享的关于习惯性行为的类型化"（Powell and DiMaggio，2012）。

组织社会学的新制度主义早期的研究侧重于非营利部门或者公共机构，随着理论的发展，也开始直接研究营利部门即所谓的接受市场力量驱动的企业的趋同行为。它开始重视利益以及竞争等经济学或理性选择理论侧重的经典理性行为建构过程中的社会因素。对于组织制度学派而言，经济生活中的行动主体在界定自身的利益和目标以及在制定事项目标的策略时，总是从所在的文化和制度环境中寻找资源（Swidler，1986）。这一理论修正对扩大组织制度学派在经济社会学里的影响居功至伟（高柏，2008）。制度嵌入性的研究纲领的兴起与社会学中的新制度主义有着密切关系（王宁，2014）。伴随着组织社会学对新制度主义的这一理论转向，制度嵌入性得到了一次"复兴"。下文主要围绕组织社会学的新制度主义展开论述①。

二、制度的基本要素

新制度主义对于制度的类型化主要体现在制度的三要素区分。斯科特（Scott，2010）归纳了不同理论中构成制度的不同要素，可以分成三类：规制性（Regulative）要素、规范性（Normative）要素和文化—认知性（Cultural - Cognitive）要素。他认为这些要素既可以独立分析，也可以相互强化，构成一个同时

---

① 下文的"新制度主义"如无特别说明皆指组织社会学的新制度主义。

展现和容纳这些结构性力量的社会框架。同时，他认为这三个要素都是由多种规范和规则构成的，且具有多重性质，但他仍强调三者之间的指标、基础架构和机制的不同（见表2-3）。此外，斯科特（2010）对制度进行了综合性的定义：制度包括为社会生活提供意义和稳定性的规制性要素、规范性要素和文化—认知性要素，以及相关的资源与活动。

表2-3　制度的三大基础要素

	规制性要素	规范性要素	文化—认知性要素
遵守基础	权宜性应对	社会责任	视若当然、共同理解
秩序基础	规制性规则	约束性期待	建构性图式
扩散机制	强制	规范	模仿
逻辑类型	工具性	适当性	正统性
系列指标	规则、法律、奖惩	合格证明、资格承认	共同信念、共同行动逻辑、同形
情感反应	内疚/清白	羞耻/荣誉	确定/惶惑
合法性基础	法律制裁	道德支配	可理解、可被认可的文化支持

尽管斯科特强调了三种制度要素的差异，但同时也强调了这些维度要素在界定上存在模糊和相互重叠的情况。在实际研究中，学者们对于各维度边界的界定也并不统一（见表2-4），这说明了制度本身的复杂性和多重性。

表2-4　制度领域与其对应的制度要素

制度维度	学者	制度构成
规制	Scott（1995）	具有法律权威的法律、政策、规定
	Zimmerman 和 Zeitz（2002）	政府、行业协会、专业性机构以及有权力的一些组织（比如说制造商对供应者的一些要求）所规定的规章、规则、标准以及期望
	Kshetri（2007）	政府、行业协会、专业机构制定的具有强制执行特征的正式规则
规范	Scott（1995）	共享的价值观和规范
	Zimmerman 和 Zeitz（2002）	一种标准、价值观，它们来自社会或者与新经营行为相关的社会环境符合标准和价值观，例如盈利、公平对待员工、是正当行业，且处于社会网络中
	Kshetri（2007）	社会价值观和道德规范

续表

制度维度	学者	制度构成
认知	Scott（1995）	一种自觉自愿的、不用证明的心理活动
	Zimmerman 和 Zeitz（2002）	其他一些专业的科学的组织实体所认定的一种价值观等架构
	Kshetri（2007）	社会公众对特定事物的知晓程度的知识集合

（一）规制性要素

斯科特（Scott，2010）认为，规制性要素是制度中的基础核心部分。诺斯（North，1990）的正式制度特征与他所说的规制性要素有较高契合度，制度的制定者往往是具有权威或权力的组织，制度的运行主要依靠强制性暴力维持，具体而言是通过奖励引诱或威胁使用惩罚的方式来迫使行动者服从。具有典型规制性要素的制度主要是国家、立法机构、政府和行业商会、协会、专业评价机构等权力组织制定的一系列法律法规、政策、规章和标准。所有的统治者都试图在民众中培养一种其统治是合法的信念。因此，有时具有权力的一方可能以威胁使用惩罚为基础，把自己的意志施加于他人（Weber，1978），企业同样也会受到这样的强加意志的影响。例如，权力机构通过激励或诱惑的方式来获得别人的遵从，比如中央政府向地方提供项目资金支持以及向企业提供补贴等，以此来获得权威。总而言之，一个规则系统，不管它是非正式的还是正式的，如果得到了权力的支持，并且这种权力又伴随着愧疚感、畏惧或者高尚、廉正、坚定等情感，那么就是一种起支配作用的规制性制度（斯科特，2010）。

（二）规范性要素

规范性要素包括了规范和价值观。新制度主义中的规范性要素（斯科特，2010）与诺斯（North，1990）所说的非正式制度比较相似。规范性要素主要通过感情和价值的互惠、内化或非正式惩罚约束个体或组织行动者，这些制度的维持依靠道德支配和约束性期望而非强制性机制。规范性制度也可能会引起强烈的情感：对于违反规范的企业来说，是强烈的自责和懊悔；对于遵守规范制度的企业来说，引起的情感则是荣耀和骄傲。这种对规范和社会价值观的内化也有利于行动者遵循规范制度。

（三）文化—认知性要素

迈耶和罗恩（Meyer and Rowan，1977）、迪马吉奥和鲍威尔（DiMaggio and Powell，1983）都强调，组织与个体都要受到各种文化框架和信念体系的约束。认知是个体或集体对外部世界的一种认识和理解，是外部刺激与个人机体的中介，是内化于个体的、关于世界的系列符号表象。正是这些符号塑造了我们赋予客体相关行动的意义。内在的理解过程是由外在的价值和文化框架所塑造的，此类制度采用的文化视角是把文化作为外在于个体行动者的、可被感知的符号系统（斯科特，2010）。同时，制度的文化—认知性要素指的是更具嵌入性的、更加凝结的文化形式，它"不太需要人们的维护，不太需要通过仪式来巩固，也不太需要用符号来阐释"（Jepperson and Swindler，1994）。文化—认识性制度的维护依赖的是行动模板对于特定行动者所具有的力量，以及文化脚本对于行动的力量。例如，在美国加州旧金山与圣何塞之间，由 101 公路和 280 公路包围的硅谷地带是美国的"创新圣地"，在这里的企业都非常强调创新性与技术性。以工程与计算机见长的斯坦福大学在硅谷有着辐射作用，让创新的文化融入每一位毕业生以及年轻的创业者心中。硅谷的企业长期在美国领跑，在这里已经形成了"追求创新""卓越""技术前沿"的文化—认知属性。创新成了企业家与员工的行为模板与惯例，企业都以能在硅谷获得一席之地（哪怕是一间车库）并立足为骄傲，同时，不履行创新文化或者技术上落伍的硅谷企业会很快被淘汰，或者搬到硅谷以外继续生存，足见文化—认知性要素对于组织的影响。关注制度的文化—认知性维度是组织社会学新制度主义独有的一个视角。

三、组织合法性的概念和内涵

"合法性"（Legitimacy）和"制度"一样都是社会理论中的一个经典概念。社会学家韦伯首先提出了合法性的概念，用于研究政治现象。他提出，当行政体系从传统或魅力型领导的特质转向法律或理性的特质时，合法性的根源发生了转变。同时，合法性可以通过个人行为遵从社会规范和正式规则来获得（Weber，1978）。帕森斯（Parsons，1956）在他的功能论中用合法性来强调组织目标应该和社会功能一致。韦伯的合法性概念后来被引入组织研究中（Ruef and Scott，1998）。迈耶及其同事罗恩（Meyer and Rowan，1977）在发表的《制度化的组织：作为神话和仪式的正式结构》一文中以合法性作为分析的核心概念，标志着合法性概念正式进入组织研究领域。

迈耶和罗恩提出了合法性机制这一种和效率机制完全不同的行为机制，认为组织不仅要适应所处的技术环境，同时还受制于制度环境：许多组织行为和制度不是为效率所驱动，而是源自各种组织追求合法性以求生存及发展的需要，他们还把合法性与组织生存和获取资源关联起来，认为影响组织的不仅有效率逻辑，还有合法性逻辑（Meyer and Rowan，1977）。然而，迈耶和罗恩以"理性神话"

来描述这种弥散在组织环境中的合法性机制，却没有对合法性概念进行直接定义。迈耶在后来的研究中给出了一个更加精确的定义：组织合法性是指一个组织能够得到文化支持的程度，即已建立的文化组合能够在多大程度上解释组织的存在、运行和对替代者的否定（Meyer and Scott，1983a）。

此后的学者对合法性有着多种界定。Bitektine（2011）对其中的观点进行了总结。他认为，现有定义的差异在于对组织合法性的评价标准不同。采取满意度视角时，组织行为只有符合制度标准才具有合法性；采取感知合法性视角时，组织只要与制度保持一致，不需要令人满意，组织就具有合法性。如果组织只是不想被质疑，那么达到这种合法性的要求会很低，只要行为被受众接受即可；如果一个组织想得到外界的肯定和支持，并借此获得生存优势，那么达到合法性的要求就比较高（DiMaggio，1988），这种合法性是理性意味上的定义。

萨奇曼（Suchman，1995）在整合感知合理性还是满意度的评价标准时提出，合法性是一种普遍假设或感知，即在社会构建的价值、规范、信仰和身份系统中，某个实体的行为是符合心意的、恰当的或合适的。斯科特（Scott，2010）认为，Suchman 所说的社会构建的系统指的就是制度性框架，并认为该定义非常恰当。这个定义主要强调三点：第一，合法性是普遍的。第二，合法性是一种感知或假设。一个行为主体已经偏离社会规范却仍然具有合法性是因为偏离没有被受众注意到。第三，合法性是依据社会建构评价的。

综上所述，可以认为组织合法性是指组织行为符合社会构建的规范、法律、伦理道德、习俗惯例和价值观等公认的制度框架（DiMaggio and Powell，1983；Ruef and Scott，1998；Dowling and Pfeffer，1975；Suchman，1995）。

四、合法性机制与合法性压力

组织研究的新制度主义学派把合法性机制作为研究的中心命题，强调它在组织与制度环境的互动中以及组织内部的重要性。新制度主义学派认为，组织面临两种不同的环境：技术环境和制度环境。技术环境指的是外部的市场与资源等；制度环境指的是组织所处的法律制度、社会规范、观念制度、文化期待等被接受的社会事实（Meyer and Rowan，1977）。技术环境要求组织遵循效率机制，要组织按照效益最大化原则配置资源及运作；制度环境要求组织服从合法性机制，采用制度环境下广为接受的做法或组织形式。新制度主义所说的合法性机制的中心思想是：组织的行为和结构受到外界受众的感知，受众依据社会规范、期望、法律、观念等广为接受的社会制度对企业的行为进行评价，组织按照被公认和默许的行为方式行动，而不管这样的行动是否符合效率机制（周雪光，2003）。但有的时候，技术环境和制度环境往往交织在一起，很难区分开来（Meyer and Scott，1991）。周雪光（2003）将合法性机制定义为："那些诱使或迫使组织采纳具有合法性的组织结构和行为的制度力量。"他在讨论中尤其强调文化—认知性要素和规范性制度因素的重要作用，即期待、文化观念、规范对组织行为的制约作用。同时，他还指出合法性机制不仅仅是一种约束，也可以帮助组织得到社会承认，提高社会地位及从外界获取资源（周雪光，2003）。

合法性与合法性压力是两个不同的概念。组织具备合法性是指在社会构建的价值、规范、信仰和身份的系统中，组织的行为是合适的或恰当的，从而被社会所认可和接纳。而组织的合法性压力则是指外界制度环境施加在组织上迫使组织维持合法性的压力，该压力越大，企业越会积极采取符合制度要求的行动来获得合法性。合法性机制影响组织是通过来自制度环境的合法性压力实现的。强制性制度使用奖励引诱或惩罚的方式来向组织施加服从制度要求的合法性压力，迫使组织按规行事。与强制性制度不同，规范性制度影响组织采用的是社会承认和评价体系。该体系给予符合规范者相应的奖励，如获得更高的声望等，同时对违反规范的组织进行社会谴责，对行动者进行制裁和惩罚（Nee and Ingram，1998），通过这样的途径对行为产生合法性压力。文化—认知性制度通过形成人们共享的惯例、文化习俗和价值观念，从而形成约束组织行为的合法性压力。

迈耶和斯科特（Meyer and Scott，1992）认为，组织在面对制度环境的约束时，有三种应对策略：趋同、模仿学习和形式内容分化。从类型区分上来看，他们和Douglas（2013）等学者强调的合法性机制都是"强意义"的，制度环境决定了行动者的行为，而行动者本身没有主观能动性。与此不同的是，迪马吉奥和鲍威尔（DiMaggio and Powell，1983）则从"弱意义"上理解合法性机制，他们认为制度环境是通过影响激励方式和资源分配来影响组织行为的。无论是弱意义还是强意义的合法性机制，都导致组织逐渐同化，因为同一制度环境中的同类组织都需要构建起具备合法性的做法和形式，才有利于自身的生存及发展。组织采纳制度和趋同化的过程的研究也一直是新制度主义学派的重要研究主题。

虽然受制度环境中的合法性压力的影响，但组织的行为并不都是同质化的（Homogeneity），有许多组织仍然表现出一定程度的异质性（Heterogeneity），因为不同组织应对制度影响的方式是不同的（Oliver，1991；DiMaggio，1988；斯科特，2010）。组织研究者逐渐意识到了异质性的重要性，他们从组织承受的合法性压力差异角度对异质性提出了多种解释：

首先，很多学者指出，同一场域中的不同组织，从属于各自场域中运行的不同制度框架（斯科特，2010）。周雪光（2003）也认为，不同群体、领域与行业的合法性机制不同。例如，埃德尔曼（Edelman，1992）发现，就业机会法则比较适用于与联邦政府签约并获得资金资助的组织，而不是其他的用人单位。而在另一个例子中，Clarke 和 Gibson - Sweet（1999）发现，如造纸、能源、化工等对自然环境有威胁的行业中，组织行为会受到环境保护法观念和法规的约束，而服务业被环保合法性压力影响的概率就很小。

其次，规范性控制力量或认知信念的不同，导致合法性压力不同。在新制度主义学派内部，相当一部分研究围绕组织采纳合法性形式或行为的时机进行比较分析（斯科特，2010）。这些研究归纳出一种普遍的模式（Tolbert and Zucker，1983；Fligstein，1985）：制度化早期阶段，组织主要出于自身的需要和利益选择决定是否采纳某种组织形式。随着制度化的深入，文化要求和规范要求日益积累，组织已经无法不采纳此种形式。要想获得社会承认，就必须接受这种组织形式。如果组织不这样做的话就会被视为落后甚至是异端，丧失合法性地位，从而不利于资源的获取及组织的生存。

此外，斯科特（Scott，2010）还提出，组织行为的差别也来自对制度内容的诠释和理解的差异。埃德尔曼和萨奇曼（Edelman and Suchman，1997）提出，组织对规制制度的诠释和理解会被社会环境所影响。尤其对于内容不清晰、模棱两可的规制制度，不同组织可能形成各自不同的理解。霍夫曼（Hoffman，2001）也指出，组织中的行动者会从自己个人的视角重新解读制度环境的要求。

五、合法性与创新

在新制度主义关于创新的研究中，比较多的研究议题讨论合法性与组织采纳创新的关系。这些研究发现，组织的不同特征影响着组织在制度环境中承受合法性压力的差异，从而导致接受创新的程度的不同。

这些导致组织采纳制度创新行为异质性的组织特征包括：①组织间网络。组织之间的紧密强关系有利于某些组织形式或组织行为的扩散，网络联系是合法性压力传递的途径（Sivakumar，1999；Pamla et al.，1993），企业更倾向于模仿那些通过连锁董事关系或商业合作而与自己联系紧密的组织（Uzzi，1996；Kraatz，1998）。②组织员工的工会参与情况。组织的员工中参与工会的比例越大，组织会更早采纳对员工福利有利的制度，因为一般参与工会的员工都有更强的维权意识和能力，他们的诉求给了组织合法性压力（Pfeffer and Cohen，1984；Kalleberg et al.，1996)。③组织与公共部门的联系或公有成分。组织若与公共部门有密切的联系，会比其他组织对制度要求更加敏感，法律、政策、规则施加给它们的合法性压力更大。与此同时，公众对与公共部门联系紧密的组织有更高的期望，从而来自社会规范的合法性压力也会更大，因此会更早采纳创新（Dobbin et al.，1998；Edelman，1992；Casile and Davis – Blake，2002)。国内有些学者也认为，企业的政企关系越强，企业受到政府的期望就会越高，合法性压力也就越大（贾明和张喆，2010；高勇强等，2011)。另外，研究者发现，企业参与行业协会或商会也能达到同样的作用，使企业承受来自公众和政府更大的合法性压力（高勇强等，2011)。

其他的一些组织因素也会影响到组织承受的合法性压力的差异，包括：①组织规模，规模越大的组织承受的合法性压力越大（Greening and Gray，1994；Edelman，1992；刘林平和陈小娟，2010)；②组织 CEO 的特征，包括工作经历（Fligstein，1993)、CEO 的相对权力的大小（Westphal and Zajac，1994）和 CEO 更替的频率（Mezias，1990）等。综上所述，具有不同特征的组织，合法性机制的作用及合法性压力的传递是不同的。

新制度主义现有的文献多集中在制度创新领域，对技术创新较少涉及。在熊彼特的概念框架下，制度创新和技术创新同属创新范畴。企业组织的技术创新行为同样受到合法性机制的影响。研究技术创新与合法性的文献的讨论点在于，认为技术创新是对原有规范的破坏，是和企业自身合法性相悖的行为，企业必须在合法性与技术创新之间慎重选择。Bower 和 Christensen（1995）认为，企业要进行创新，首先应该保证自己的合法性，让创新被人们接受。Stinchcombe 等（1965）认为，刚刚步入市场的新技术、新产品合法性较差，需要一段时间才能被受众接受。Aldrich 和 Fiol（1994）指出，企业在创新的时候会与既得利益者发生矛盾，而创新合法性的获得有利于消解这种矛盾。Hargadon 和 Douglas（2001）也指出，在进行创新的过程中合法性也起到了至关重要的作用，只有符合合法性，企业创新在变革中取得成功的可能性才比较大。Deephouse（1996）研究得出，和缺乏合法性的企业相比，自身合法性高的企业在资源整合和吸引投资方面都更具有优势。Deeds 等（2004）也持与 Deephouse 类似的观点，认为在企业的创新实践中，企业的合法性有利于相关资源的获得。他们通过对生物医药行业的实证研究，发现无论是企业层面的合法性指标，还是行业层面的合法性指标，都有利于企业获得资金支持，从而进行创新投入。从这个层面来讲，企业的合法性能够促进资源对于创新的转化。

在国内学者的研究中，杜运周和张玉利（2008，2009）较早研究了技术创新和合法性的关系，他们认为创新企业需要稳健地整合运用依从、选择和操纵三种合法化战略来获得市场的成功，并且还发现了新企业的死亡率与合法化的成长有关。讨论企业死亡率的还有曾楚宏等（2009），他们认为新创企业的先天性劣势使其死亡率远高于老企业，其中的一个重要原因就是缺乏组织的合法性。彭伟等（2013）将社会网络理论和新制度主义理论结合，以珠三角地区的新创企业为研究样本，发现联盟网络有利于组织合法性的构建，同时组织合法性也是影响企业绩效的一个重要的中介变量。李宏贵和周洁（2015）发现，创新合法性是创新产品进入市场的"门槛"，企业利用创新资源进行创新必须得到创新合法性才能获得产品收益，实现企业成长。裴云龙等（2013）认为，组织合法性在创新实现中还具有调节作用，他们对606份中国企业的样本进行分析后发现，组织合法性是企业原始创新影响企业竞争力的调节变量，原始性创新只有在具有组织合法性的企业才能转化为创新绩效。

种群生态学（Population Ecology）认为，新的组织形式或行为在起初阶段因为数目少，合法性弱；随着组织的增多，组织形式及行为的合法性会增强，合法性会进行调转，以往不具备合法性的行为或形式反而具有很强的合法性（Hannan and Freeman，1977）。首先，现有文献主要聚焦在企业层次的合法性，讨论在创新制度并不具备合法性的情况下，企业如何应对，即把技术创新与合法性放在对立面来看待。如果按照种群生态学的观点，我们应该在组织间或更广的层面上讨论创新的合法性，而不是预设技术创新不具备合法性。其次，现有文献对合法性机制与技术创新的研究，并不能像制度创新的研究一样，区分企业的不同情况，对不同的企业组织特征受到合法性影响的机制是否不同进行回答。此外，现有文献对于合法性的影响没有与传统的理论进行结合，并不能区分出在技术创新中合法性机制与传统效率机制各自扮演怎样的角色。

第六节　组织合法性机制与企业资源基础观的结合

效率（竞争）机制是经常被拿来与合法性机制做比较的对象。传统的制度理论认为，组织只是在象征地、相对被动地、无经济效率地运行着（Braudel，1982）。迈耶、斯科特和迪尔划分出技术性部门和制度性部门（Meyer et al.，1981），迪马吉奥和鲍威尔（DiMaggio and Powell，1981）也划分出两种情形：竞争性同形和制度性同形。March（1981）则提出更加一般化的工具主义逻辑与适当性逻辑，工具主义逻辑关注"在这一情境中我的利益是什么"，适当性逻辑则关注"情境对我的角色期待是什么"。尽管这些概念的提出者强调这种有意识、有目的的划分只是为了便于分析的理想类型（Ideal Type），但很多实证研究者和读者都将竞争机制与合法性机制理解为严格的二元对立。

基于此，新制度主义学派早期的研究对象集中在非营利组织，比如学校、医院、文化组织等，而这种取向造成了学者们关注点的分割，即认为公共和非营利部门主要采用合法性逻辑，而在营利性的市场组织内部奉行的主要是效率逻辑。组织社会学学者显然意识到了这样截然二分的方法会出现问题，因为在现实的组织场域中，类似医院这样的公共部门经常也要考虑经营的效率，而市场组织也会受到符号性、文化性的制度影响（Powell，1991），将效率逻辑与合法性逻辑相结合的研究开始出现。其中两阶段论认为，在组织发育的早期，起主导作用的是效率特征，而在组织发育的成熟时期，支配着组织的生存的则是制度性同形。Tolbert 和 Zucker（1983）采用两阶段论的思路研究了美国的公务员制度，结论认为合法性机制和效率机制在一定条件下是可以转换的。但是，新制度主义学派的学者仍不满意两阶段论，不少学者通过对19世纪晚期20世纪早期现代产业组织演化方式的研究，发现没有哪一种经营方式是必须选择的方式，或者说是自然的方式（Piore and Sabel，1984；Fligstein，1993），也就是说，在现实中，效率逻辑与制度逻辑经常是交织在一起的，并不能像两阶段论那样做出严格的区分（周雪光，2003）；同时，在一个组织人口群体中，被选择进而生存下来的不一定是最有生产效率的组织（Hannan and Freeman，1993）。鲍威尔（1991）认为，新制度主义应该拓展研究范围，关注点不应该仅仅局限于公共部门和非营利部门，而应更加关注制造业和金融业等核心的经济部门，对这些部门进行经验研究，同时关注点也不能仅仅局限于组织的趋同性，应关注组织多样性与趋同性的结合。20世纪90年代，研究者们开始将新制度主义应用到企业组织的分析中，即分析经济与市场行为。企业受制度环境影响的研究尤其要解决效率机制与合法性机制之间的关系。后来的研究者也都通过各自的研究认为效率机制和合法性机制是可以相互转化的，而不是完全冲突对立的（Oliver，1991，1997；Greening and Gray，1994），"理性神话"与"理性事实"可以共存。国内组织社会学学者用这两种理论逻辑来解释公司多元化战略（杨典，2011）、现代企业制度扩散（李路路和朱斌，2014）等问题，说明两种逻辑在中国的经济组织场域同样有解释力。

效率逻辑（竞争逻辑）是当代经济学与管理学承袭古典经济学进行分析的

一套核心逻辑，理论流派众多，在采用竞争逻辑对企业行为的解释中，资源基础观（Resource – based View）是一类比较有代表性的观点。沃纳菲尔特的《企业资源基础观》是该理论流派的奠基之作。

资源是该理论流派讨论的中心和起点。沃纳菲尔特（Wernerfelt，1984）认为，企业资源是"企业拥有的有形和无形的资产"。巴尼（Barney，1991）对沃纳菲尔特的概念进行了扩展，认为企业资源包括"企业控制的可以使企业制定及实施增加其效果和效率的战略的所有能力、资产、信息、企业属性、知识等"。可以看出，该理论流派对于企业资源的定义非常广，基本上包括了企业可能控制的各种有形或无形的资产。

巴尼（Barney，1991）认为，"资源不均匀地分布在各个企业中，这些资源不仅仅包括资金、物品和人力资源，还包括经验、知识、判断力、技能以及企业与外界联系等非物质资源。"资源观认为企业是异质的，这种异质性不仅体现在组织结构和行为上，更体现在自身的资源组合上；同时，资源观直接把企业看作"一系列资源的集合"（Wernerfelt，1984）。企业不仅占据和投入资源要素，同时也会创造异质性生产资源（De Gregori，1987）。

巴尼（Barney，2001）总结出，很多的理论流派都可以和资源观相结合去分析问题，包括新古典经济学、演化经济学、产业经济学和新制度经济学。在制度理论中，不仅仅是新制度经济学可以与资源观相结合，组织理论的合法性机制一样也可以和资源观结合来进行研究分析（刘溯源，2015）。资源基础观在自身的理论假设中，就暗含了外部资源对企业的影响，这些外部资源产生于外部环境，所以企业的绩效在很大程度上取决于外部环境，因为"企业可以利用资源发现及运用环境中的机会去化解风险，或利用这些资源增加生产者剩余，增加企业的绩效"（Wernerfelt，1989）。企业面对的环境不同，企业选择的资源战略就会有所差异，这影响了不同资源对于企业而言的边际效益的差异。由于很多资源不是自由流通的，因此造成了企业所处环境中资源数量和类别的差异，企业利用这些资源及资源转化的能力造就了企业的异质性，而异质性又造成了企业绩效及长期竞争实力的差距（Barney，1986，1991，1994）。Oliver（1997）认为，在企业资源基础观看来，企业的运行及选择取决于自身的理性选择，同时也受制于环境中资源的品种和数量以及企业利用这些资源的情况。可以说，企业资源基础观所秉承的资源逻辑实际上就是效率逻辑。

而前文提到的社会学的新制度主义学派对企业行为有着另一套解释。优异的企业应该为了合法性而去迎合制度环境中的各种传统、规范、观念。而资源观则假设企业会受理性的驱使，尝试资源的最优化配置。Oliver（1997）认为，两者的差异恰恰是两者可以互补的地方，所以她尝试采用制度理论对资源观进行补充，提出了以下几个命题：①企业有时候也会不理性地选择不利于自身效率的资源决策。②沉没成本的存在可能也会促成企业的非理性资源选择。③企业的资源选择同样受到合法性因素的影响。④如果某种资源缺乏合法性，企业在利用此种资源的时候也会犹豫。⑤制度环境中的合法性压力可能会影响到企业占有资源的差异。针对这几条命题，她认为企业的差异是企业基于资源观的资源优化理性选择和制度环境中的合法性压力共同塑造的。她的研究将管理学的资源基础观和社会学的新制度主义很好地结合起来，回应了 Rao（1994）、Barney 和 Zajac（1994）等学者对于将资源观和组织理论相结合的呼吁。

第三章 理论假说和概念模型

第一节 企业技术创新的界定

秉承熊彼特主义的传统的创新研究者一般把创新定义为"经历思想的碰撞、研发调试、创新扩散、产生绩效的一个完整的过程"（Schumpeter, 1934；Solo, 1951；Enos, 1962；Lynn, 1989；Musser, 1985；傅家骥, 1998；许庆瑞, 2010）。这一传统强调创新的偶发性和不确定性。与此相对应，演化经济学的代表人物纳尔逊和温特在其1982年出版的代表作《经济变迁的演化理论》中提出"惯例性创新"的观点，认为创新不像熊彼特所说是打破惯例，其本身就是一种惯例。企业组织内部的固定研发活动就是惯例性创新的最好体现（Nelson and Winter, 2009；纳尔逊和温特, 1997）。强调创新惯例的演化经济学派被称为新熊彼特学派（贾根良, 2004）。

虽然纳尔逊和温特的学说没有被归为制度学派，但他们的观点与制度学派有类似的地方：首先，他们认为创新并不如新古典经济学所说是理性行为，惯例本身就带着某些非理性因素，这和制度学派强调企业并非只受效率逻辑影响的观点是一致的（Nelson and Winter, 2009；纳尔逊和温特, 1997）。其次，演化理论还认为组织不仅仅是重复自己的惯例，还模仿其他组织的惯例，这和组织学派强调组织之间的模仿性是一致的（Dimaggio and Powell, 1983），这种可模仿的创新惯例构成了组织间的制度因素。斯科特（Scott, 2010）认为，符号、关系、惯例与人工器物都是制度的传递者。最后，两种学说都把企业看作复杂的组织，确定性与不确定性并存：制度学派认为组织都受到合法性机制的影响，但组织特征、应对措施的不同导致这种影响造成的结果不同（周雪光, 2003）；演化理论则认为惯例性的创新投入是确定的，而企业的不同特征则导致了创新绩效的不确定。本书参照演化理论的定义，把企业的技术创新定义为企业组织日常的、惯例性的研发投入及与技术创新相关的其他日常活动。

由于技术创新本身的复杂性和不确定性，学界的技术创新研究分为技术创新投入和技术创新绩效两个主题，两者对于创新的关注点、界定、测量、影响因素皆不同。本书从新制度主义的组织学派视角入手，强调社会资本、合法性压力等结构性、制度性因素对于企业技术创新的影响。关注点侧重于企业实际的创新投入力度。本书尝试探讨外部因素对企业创新的影响，因而采用创新投入作为研究对象的主要衡量指标，对于创新绩效本书并不打算过于着墨。在具体指标上，本书采用企业自评的研发措施投入力度作为主要的测量指标而不使用研发经费指标，原因在于研发经费指标仅测量了企业技术创新的财力投入，没有测量人力投入、精神投入等其他投入，而企业主观自评研发投入时，一般会综合考虑自身在人力、物力、财力、精力等各方面的综合投入情况。故本书采用企业主观自评的创新投入力度指标作为主要测量指标，在具体维度上主要包括产品创新、工艺创新、合作创新、自主创新。

本书不主要探讨企业的创新绩效主要基于三方面的原因：①理论意义。技术创新是一个链状过程（Kline，1986），只有"行为端"受制度环境的影响，而"结果端"则更多受创新的过程因素及技术因素的影响，受制度环境影响较小，且不确定性较大；另外，创新绩效的大小并不是社会学视角的创新研究的主要旨趣。所以，本书采纳创新投入作为技术创新的主要界定标准。②可行性。创新绩效（或创新结果）的影响因素更多且更为复杂，如果通盘考虑其动力机制的话，对于实证研究者来说难度较大。③测量指标。采用 TIP（创新绩效）指标的研究多采用专利作为测量指标，但专利指标直接忽略了企业组织没有转化成专利成果的创新投入，而这部分没有成果的创新投入恰恰是组织惯例性的日常行为最重要的部分。

第二节　国内技术创新的制度环境

组织不仅与生产力和交易相关，也为符号理性或合法性服务（Meyer and Rowen，1977），所以企业组织的行为既嵌入在技术环境中，也嵌入在由合法性构成的制度环境中。影响企业创新行为的不仅有技术性的资源要素，还有制度性的创新合法性要素。现阶段，中国关于创新的制度环境在规制性、规范性和文化—认知性要素这三方面多少都有体现。

迈耶和罗恩（Meyer and Rowan，1977）、迪马吉奥和鲍威尔（Dimaggio and Powell，1983）都认为，组织和个体受文化框架和信念体系的约束。技术创新在中国的私营企业中，一直以来并不是一个视若当然、共同理解的经济行为。1978年党的十一届三中全会标志着改革开放的开始，同时也标志着中国私营企业的全面发展。在改革开放的前二十年里，生产要素的驱动模式一直是企业成长和经济发展的主要模式，技术创新一直不被企业所重视。由于市场的开放以及政府强调效率的基本经济政策，只要找到价格低廉的土地和劳动力或其他的生产要素，私营企业便可以维持生存甚至获得暴利：谁能够获得"第一桶金"，谁就有可能实现快速的资本再生产。在这样的市场环境下，企业基本没有任何技术上的追求，妄论技术创新。在经济出现迟缓的情况下，政府进行招商引资或者企业寻找劳动力更加低廉的地区设厂，就能带来新一轮的效益。要素驱动的模式不仅构成了企业经营的技术环境，还是制度环境，且被视为理所当然。然而，这样的要素驱动模式并不能永续下去，2008年的金融危机给全球的经济带来了重创，国内的企业也纷纷受到打击。低技术、低附加值、产能过剩等问题开始暴露，有的企业被逼无奈只好倒闭，而有的企业则寻求新的出路。走上技术创新的道路便是众多企业采取的措施。Friedland 和 Alford（1991）认为，当行动者的利益得到稳定实现（stable）的时候，我们没有必要解释它们的制度根源；但当行动者的利益得不到稳定实现时，就可能发生剧烈或者缓慢的制度变迁。当要素驱动模式的合法性逐渐失去的时候，创新驱动的制度环境及合法性正在逐步形成。

迈耶和罗恩（Meyer and Rowan，1977）强调制度与文化之间的亲和性，但并不是所有文化都对组织体现支持的作用。他们遵循伯格（Berger and Kellner，1973）的引导，强调"被理性化"的信念的重要性——阐明了为获得特定的目标而设计那些详细规定类似规则的程序的各种方式。在市场经济发展时间不久的中国，私营企业的目标具有工具理性，即如何有效获得利润。在2008年以前，充当"理性化"角色的是要素驱动模式，企业之间的制度性模仿（Dimaggio and Powell，1983）让要素驱动具有很高的合法性。金融危机这样的历史性事件改变了制度环境，要素驱动失去了"理性"的外衣，技术创新接过了这层外衣。迪马吉奥、鲍威尔与迈耶、罗恩不同的地方在于，前两者是弱意义上的制度而后两者是强意义上的制度。具体而言，前两者认为制度的作用是组织在利益基础上的有意识的选择，后两者则认为这是组织无意识的选择（周雪光，2003；斯科特，2010）。在这个层面上，要素驱动合法性及创新合法性起初都是弱意义上的制度，通过组织之间的相互模仿与传播，慢慢变成强意义上的制度。

Nelson 和 Winter（2009）认为，技术创新并不如很多学者说的那样是不确定的行为，其很多时候是一种惯例行为。迪马吉奥和鲍威尔（1983）则认为惯例性行为会通过组织之间的网络、依赖关系进行传播。所以，创新合法性的产生最重要的因素是企业的创新行为被模仿，从而在社会层面也建构了新的驱动经济增长的制度环境。种群生态学的代表人物卡罗尔和汉南（Carroll and Hannan，1989）认为，可以根据组织形式或行为的流行程度来推断组织的合法性；同样，新制度主义学者也认为，组织形式的日益扩散是合法性日益增加的标志之一（Tolbert and Zucker，1983）。对于创新合法性而言，我们观察企业研发行为的历时变化，就能得到近似的结果（见图 3－1）。通过全国工商联进行的全国私营企业调查数据①我们可以看到，私营企业的年研发投入额从 2005 年的 38.5802 万元到 2011 年的 190.4309 万元，呈逐年增长之势。受到企业总体营业额及通货膨胀的影响，研发投入的绝对值并不是很理想的指标，研究者常常用研发强度进行替代。对于企业组织而言，研发强度通常是研发费用与销售额的比值。从图中我们可以看到，企业的平均研发强度并不是单调递增的。2005 年、2007 年、2009 年和 2011

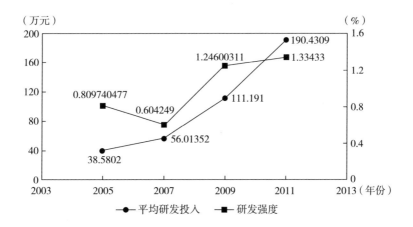

图 3－1　全国私营企业平均研发投入与研发强度的变化情况

资料来源：2006～2012 年全国私营企业抽样调查。

① 全国私营企业抽样调查（CPES）由中共中央统战部、中华全国工商业联合会、国家工商行政管理总局和中国民（私）营经济研究会组成，从 1993 年开始隔年进行，至 2016 年一共进行了 12 次。调查首先根据《中国统计年鉴》上民营企业的规模结构和行业结构来选取民营企业样本，再通过各地工商联和工商局展开调查。调查对象为民营企业的法人代表。调查范围涵盖中国境内 31 个省、自治区和直辖市的各个行业、各种规模和类型的民营企业。每一期的样本量不尽相同，在 3000～5000。考虑到数据及变量的可获得性，选取了 2006～2012 连续 4 次的调查结果，反映的均为数据公布前一年受访者的情况。

年的企业平均研发强度分别为 0.8%、0.6%、1.2% 和 1.3%。对比研发投入绝
对值，虽然 2007 年比 2005 年的企业平均研发投入数额增长了将近 20 万元，但
研发强度反而下降了 0.2 个百分点。这说明在金融危机爆发以前，技术创新的制
度环境还没有形成。而金融危机之后的 2009 年的企业平均研发强度相比 2007 年
翻了一番，2011 年的研发强度仍有小幅增长。数据结果说明，2008 年金融危机
爆发以后是国内企业技术创新的快速增长期，为了实现新的增长，企业更愿意把
有限的资源投入到创新研发之中。这样的举措并不是临时性的应对措施，而是形
成了新的制度环境。2011 年的平均研发程度仍有增长，说明技术创新已经慢慢
形成了其推动企业绩效的合法性机制。

　　嵌入企业的社会文化作为一种文化—认知性的制度要素，会给行动者提供行
动脚本（斯科特，2010）。文化—认知性制度是内化于个体的关于世界的一系列
的符号表象。这些包括信号、词语与姿势在内的符号塑造了我们赋予行动者行动
的意义（Meyer and Rowan，1977）。创新的制度环境依赖于其在人们生活的世界
的传播程度。基于谷歌出版物大数据（Google Books Ngram Viewer）的词频分析[①]
可以发现（见图 3 - 2），"创新"一词从 20 世纪 90 年代开始在出版物中出现的
频率大幅增长，而"研发"一词在 2000 年以前在出版物中出现的频率非常低，
2000 年后则保持了持续的增长。"创新""研发"二词的广为传播，说明了创新
文化的形成。在 2014 年 9 月在中国举办的夏季达沃斯论坛上，李克强总理提出

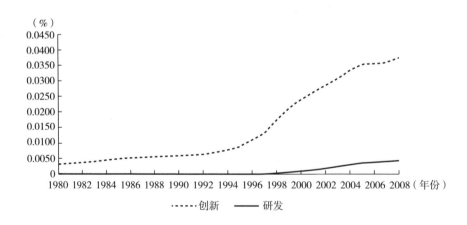

图 3 - 2　"创新"与"研发"的谷歌大数据词频分析

────────────

　　① 全世界的简体中文出版物基本集中在中国大陆，故采用简体中文的词频分析大致能代表国内的
情况。

了"大众创业、万众创新"的口号。此后，他在国务院常务会议、世界互联网大会等各种场合中经常用到这个短语。他提出的这一口号，不仅具有重要的政策含义，更让"创新"这个词被每一位老百姓都熟知，成为人们心中新经济的代名词，大幅提升了创新的文化—认知属性。

　　Brown（1981）指出，对于很多类型的制度扩散过程来说，研究扩散的代理人或传播者，和研究制度扩散的对象一样重要。Cole（1991）在对日本、瑞典和美国的跨国比较中得出结论：政府机构、行业协会、工会等组织在创新合法化、支持创新的过程中具有重要的作用。而这些机构同样都是创新的合法性的来源。中国的各级政府及其颁布的政策法规是营造创新制度环境的主要推手。2006 年 1 月 9 日在全国科技大会上，时任国家主席胡锦涛宣布"要在 2020 年建成创新型国家①，使科技发展成为经济社会发展的有力支撑；创新型国家的具体指标是，到 2020 年，经济增长的科技进步贡献率要提高到 60% 以上，全社会的研发投入占 GDP 比重要提高到 2.5%"。如果说建设创新型国家只是愿景的话，那么创新驱动发展战略的提出则是举国创新全面铺开的标志。2012 年党的十八大提出，"科技创新是提高社会生产力和综合国力的战略支撑，必须摆在国家发展全局的核心位置。"会议发表的《中共中央国务院关于深化体制机制改革加快实施创新驱动发展战略的若干意见》指出，"到 2020 年，基本形成适应创新驱动发展要求的制度环境和政策法律体系，为进入创新型国家行列提供有力保障。"此后，各地方政府也纷纷响应，例如广东省就在 2015 年确定了创新驱动发展战略的具体实施方案，并在 2016 年的全省创新驱动大会上明确了企业在创新中的主体作用。2016 年 5 月 23 日，国务院新闻办公室举行《国家创新驱动发展战略纲要》有关情况新闻发布会。科技部部长万钢在回答记者提问时表示，实现要素驱动向创新驱动转变根本上要以科技创新为核心的全面创新。政府的一系列举措，是要同时塑造创新的规范性制度要素与文化—认知性制度要素，不仅让创新成为企业的规范与责任，也让创新成为企业组织甚至全民的共同信念与理所当然的行动逻辑。

　　基于以上的分析可见，无论国内企业是否具有创新的技术环境，市场环境、国家政策、大众认知都认为企业应该进行创新，创新成为公众对于企业的期待，这在无形之中给了企业一种压力。企业意识到只有进行技术创新才能实现企业的持续经营，才能满足政府与公众对于现阶段企业的定位与期待。

---

　　①　创新型国家是指以技术创新为经济社会发展核心驱动力的国家。主要表现为：整个社会对创新活动的投入较高，重要产业的国际技术竞争力较强，投入产出的绩效较高，科技进步和技术创新在产业发展和国家的财富增长中起重要作用。

第三节　企业的合法性压力差异

第二章第五节回顾了合法性压力对于企业技术创新的作用。较多文献都提到了合法性在技术创新中的重要性（Deephouse，1996；Hargadon and Douglas，2001）。有部分学者认为合法性与技术创新是矛盾的，因为在企业技术创新还不是企业的普遍选项的时候，创新就意味着打破普遍的认知和承担风险。在缺乏创新的制度环境中，这样的做法往往得不到利益相关者的理解和认同。此时，合法性的压力是一种"不创新"的压力，合法性压力不利于企业的创新（Stinchcombe，1965；Bower and Christensen，1995）。另一些学者发现，只要创新具备了合法性，两者之间的矛盾也就迎刃而解了（Aldrich and Fiol，1994），合法性与技术创新之间变成了正向的关系，企业进行技术创新的收益远大于所面临的风险，创新合法性会促进企业绩效的提高（Deeds et al.，2004）。Hannan 和 Freeman（1977）认为，新的组织行为的最初阶段因为数目少，合法性较弱，这时旧的组织行为占据着合法性的高地；而当此类组织行为越来越多时，合法性会慢慢上升，甚至会超过旧的组织行为，形成新的制度环境。第三章第二节提到，国内现在正在经历由要素驱动向创新驱动的制度变迁过程，履行技术创新行为成为企业面临的新的合法性压力。

在此基础上，本书认为不同企业所承受的需要进行技术创新的合法性压力是不同的。本书使用的合法性压力的概念，是指企业所嵌入的社会中制度环境对企业行为和决策的要求和期望。本书实证部分聚焦于珠三角地区，我们可以认为同一地区在法律、法规、政策等方面具有较大的一致性，因此规制性制度基本一致，造成企业行为差异的主要是规范性及文化—认知性制度要素。经济变迁造成了制度变迁，企业之间的互动行为赋予了技术创新以"理性化外衣"，塑造了其文化—认知性的制度属性，政治权力的战略引导不仅巩固了创新的文化—认知属性，让创新理念在社会上得以传播，同时还拓展到规范性制度层面，强调对组织行动者技术创新行为的期望①。这种期望对所指向的焦点行动者而言就形成了合法性压力。本书探讨的合法性压力源于外界（政府、利益相关者群体、舆论）

---

① 斯科特（2010）认为在实际生活中大多数制度形式并不是某一单独的制度基础要素在起作用，而是不同要素的组合在起作用。在现阶段的中国，并不能严格抽离出规范性制度、文化—认知性制度两者单独的作用及各自作用的大小。

对于企业进行技术创新的期待。

新制度主义的学者们认为，组织的某些特征属性的差异使组织承受的合法性压力不同，进而造成采纳制度创新的程度也不同。本书认为，造成企业采纳制度创新程度不同的组织特征因素同样适用于技术创新。基于本书第二章第五节的文献回顾，企业受合法性压力而进行创新的组织特征包括组织间网络（Pamla et al.，1993；Sivakumar，1999）、组织员工的工会参与情况（Pfeffer and Cohen，1984；Kalleberg et al.，1996）、组织与公共部门的联系或公有成分（Edelman，1992；Casile and Davis – Blake，2002）、协会成员身份（Kalleberg et al.，1996）、组织规模（Greening and Gray，1994）、组织员工的工会参与（Kalleberg et al.，1996）。企业会感受到来自公众及舆论的合法性压力，对于不同的企业而言压力是有差异的，因为公众会根据企业特征，对不同的企业产生不同的期望（黄敏学，2008）。公众对于企业进行技术创新的期待越大，企业感受到的创新合法性压力就越大，在日常的经营中就会将相应的资源更多投放在创新实践中。

第四节　企业资源观与合法性机制的结合

第二章第六节梳理了企业资源基础观的相关文献。资源基础观认为，造成企业异质性的原因是企业所拥有的资源要素以及资源要素组合的差异（Wernerfelt，1984）。一些研究认为，不仅仅是占有，如何利用这些资源也是造成企业异质性的原因（Mahoney and Pandian，1992），有效利用资源的能力使企业获得竞争优势（Grant，1991；Prahalad and Hamel，1993）。此外，另有些学者将制度理论与资源观相结合，认为企业所感受的合法性压力影响到了企业相关的资源决策，企业的异质性由合法性机制和理性选择共同决定（Rao，1994；Oliver，1997）。本书尝试将企业资源观与合法性机制结合，分析两者如何共同塑造企业的技术创新行为。

前文已谈到，按照新制度主义的观点，在相同的制度环境下，组织特征不同，企业受到的合法性压力就不同。那么，如果组织特征相同，企业所受合法性压力趋近，组织的行为就会趋同。但对于技术创新而言，即使不同企业组织所受合法性压力相同，组织的技术创新行为仍然会有差异。因为合法性压力不能直接转化为创新，合法性压力要起作用还需要企业具体的内部的资源调配和策略决策，然后才能看到企业在技术创新上的差异。传统的创新理论都或多或少强调了资源在技术创新中的作用："熊彼特假说"认为大规模企业在研发创新上更有优势，是因为大企业在资源方面有相对优势，而创新是需要大量资源的经济行为（Schumpeter，2013；胡元木和李瑶，2014），创新活动所需要的高额固定成本是缺乏资源的中小企业无法承受的（Comanor，1967），企业规模本身就是一种规模资源。同时，技术推动理论中的技术资源或者知识资源（Ogburn，1934；Nelson，1987）、需求拉动理论中的市场需求（Schmookler，1966）都是企业进行技术创新非常重要的资源。此外，对于技术创新而言，企业的社会资本也是一项非常重要的资源，丰富的社会资本有利于促进企业的技术创新投入（Powell et al.，1996；Tsai and Ghoshal，1998；Maskwell，1999；Landry，2002）。由此，根据企业资源观的观点，企业为实现某种战略目标而协调、组合和利用的资源的不同导致了企业在竞争力上的差异，则企业在掌握和利用（与技术创新相关的）资源方面的差异会导致企业在技术创新投入上的差异。值得一提的是，企业的社会网络除了是企业的资源以外，也是合法性压力传播的渠道网络，是一种影响合法性压力作用的组织特征（Pamla et al.，1993；Sivakumar，1999）。

　　除了资源差异以外，本书认为由于企业的组织特征不同，制度环境给予企业以及企业自身所感受到的合法性压力也不同。通常而言，企业的合法性要求与效率机制是矛盾的（Dimaggio and Powell，1983）。部分学者提出，人们在讨论合法性的时候，不应该把企业的能动性忽略，主张将合法性理论与资源观相结合，认为哪怕是相同的制度环境或合法性压力，企业在资源利用上的差异也会造成企业行为的差异（Greening and Gray，1994；Oliver，1991，1997）。

　　在弱意义上的合法性理论中，制度会通过资源分配来影响组织的行为（周雪光，2003）。通常情况下，在创新方面，组织会表现出历史的依赖性，即对以往的历史轨迹和经验的依赖性。当经验在组织内部得以保存，信息渠道已经建立起来时，利用这些已有的资源比在全新的领域中开拓更有效率，这时组织就会避免创新、保持稳定（周雪光，2003）。这就意味着，如果没有外在的创新合法性压力，企业会在收益稳定、运作成熟的传统产品或项目中投入资源，而不是进行创新研发。这和创新理论中强调企业规模不利于技术创新的观点是一致的，认为大企业更加科层制及保守，容易路径依赖而不创新。风险性是创新必不可少的一个特点，如果制度环境中有创新的合法性的话，企业基于合法性压力会将原本用于传统项目的部分资源转移到创新项目上，因为企业觉得自己这样做是符合大众期待的，如果失败了，至少也是做了制度环境中认为企业该做的"正确的事"；而如果这一部分资源成功了，产生了创新绩效，那么企业组织就同时满足了效率要求和合法性要求。

我国的技术创新的制度环境已基本形成，不同特征的企业组织承受的合法性压力并不一致。在此基础上，本书认为，当制度环境给予企业的合法性压力不同时，企业资源的利用和组合策略也会受到影响，导致技术创新投入水平的差异。

第五节　企业技术创新的关系嵌入性与制度嵌入性

第二章第四节梳理了关系嵌入性与制度嵌入性的相关理论。刘世定（2015）认为，"嵌入性"一词带有模糊性，俨然成为经济社会学中无须追究的元概念，这会影响理论分析的深入。他主张将经济社会学里所讲的"嵌入性"拆分成四种可分析性的概念，包括：①个人效用直接受社会关系网络中其他人状况的影响；②人们可利用社会关系网络获取给其带来效用的资源；③社会关系网络构成行动选择集的约束条件；④人们之间的经济交往行动，特别是重复性的经济交往行动会内生出社会关系。本书认为其中的第二层含义符合资源观的定义，而第三层含义则符合合法性机制的定义。结合这两层可分析性的概念，可认为：企业技术创新的嵌入性是指企业组织的技术创新行动受到自身及社会关系网络中资源总量的影响；同时，社会关系网络及制度环境构成企业利用资源的约束条件。

前文提到，企业的社会网络可能通过两种方式影响企业的技术创新：第一种方式是社会网络作为社会资本为企业进行研发投入提供信息、物质资源和技术支持；第二种方式是社会网络作为合法性压力传递的渠道，向企业施加来自制度环境的压力，促使企业进行技术创新的行为。以倪志伟为代表的学者强调制度嵌入性（Nee and Ingram，1998；Brinton and Kariya，1998），制度嵌入性在组织分析中和关系嵌入性一样重要。他们认为，在组织分析中，制度与网络因素是不可分割的，网络建立在制度之上，制度又靠网络来传递（Nee and Ingram，1998）。所以，社会网络在技术创新的影响机制中扮演双重角色（见图3-3），既是技术创新的资源，也传递创新的合法性压力。

结合嵌入性视角，企业的行为嵌入于所处的关系网络与制度环境中。企业的技术创新行为本质上是对社会网络中资源的利用与对合法性压力的回应。它与追求利益的纯经济行为不同，同时与追求社会合法性目标的行为也不同，而是两者的结合，同时包含了经济目标与非经济目标。社会网络的双重作用体现了关系嵌入性与制度嵌入性的结合：关系嵌入性是指企业嵌入的社会网络作为社会资本是

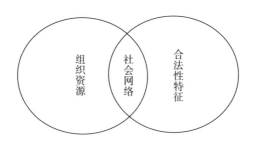

图 3 - 3　技术创新中社会网络的双重作用

企业的一种资源，有利于企业的技术创新（资源观）；而制度嵌入性体现在企业嵌入的社会网络为创新合法性压力的传递提供渠道，促使企业进行技术创新（合法性机制）。作为资源的社会网络体现为刘世定（2015）对"嵌入性"的第二层定义，即带来效用的"促成性"；而作为合法性压力的社会网络则体现为其第三层含义，即对资源利用的"条件性"。此外，除了关系网络因素以外，其他影响合法性压力大小的组织特征仅仅体现在制度嵌入性层面，即只有"约束性"含义，没有"促成性"含义，具体化为：合法性压力的制度嵌入性体现为企业嵌入在制度环境中，自身与合法性相关的组织特征影响着合法性压力的大小，是企业利用资源实施技术创新的约束条件。

第六节　概念模型

综上所述，本书认为制度环境中的合法性压力是企业运作的外部环境，它影响着企业利用内部和外部资源进行技术创新的过程。本书试图结合企业资源基础观和制度理论解释企业的技术创新行为：企业对资源的调配与应用决定了企业进行技术创新的程度。而企业对资源的利用又受到制度环境中合法性要素的影响，合法性与资源要素共同影响了企业的技术创新行为。同时，本书还采用经济社会学的嵌入性视角，认为：与合法性压力大小相关的组织特征是企业利用资源的条件；而社会网络则具有"双重身份"，既是技术创新的资源，也是影响资源利用的条件。

根据以上的理论假设，本书尝试构建了基于资源因素与合法性因素双重效应下的企业技术创新的影响模型（见图3-4）。本书主要关注企业的四种资源——企业的技术资源、市场需求、企业规模与资金实力，讨论四种资源分别如何影响企业的技术创新投入。接着根据联系对象将企业的社会网络分为五类：生产合作网络、研发合作网络、生产服务网络、公共关系网络与政企关系网络。对于社会网络的检验，不仅仅关心其作为一种外部资源的作用，同时也关注其作为合法性传播渠道对内部资源利用的影响。在社会网络之外，本书还关注两项与企业合法性压力有关的组织特征：企业的行业协会身份和企业的品牌情况。在模型整体上，本书将资源因素作为主要的自变量，而合法性因素作为条件变量。社会网络因素因为具有双重性质，则同时作为自变量与条件变量。具体的研究假设在下一章中进行讨论。

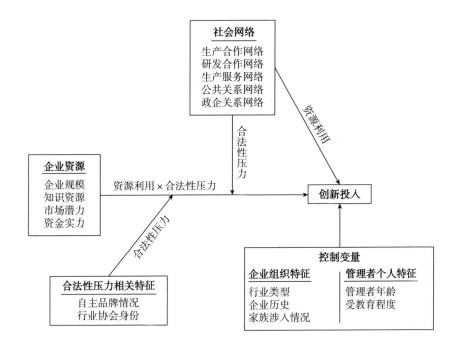

图 3-4　企业技术创新投入影响机制的概念模型

第四章 研究假设的提出

第一节 企业资源与企业技术创新的关系

本书对于技术创新的定义来自演化经济学，认为技术创新是企业组织日常的惯例性活动。和其他大部分企业的经济活动一样，所拥有的资源是影响企业技术创新的重要因素，因此不能不分析各种内部资源和外部资源对技术创新的影响。第二章第六节和第三章第四节中已讨论过，根据资源观的观点，企业的竞争优势源于对资源的利用。推演至此，企业的技术创新投入程度取决于企业占有和利用的企业资源情况，而这些资源主要包括企业规模资源、资金资源、外部技术资源及市场需求资源。

一、企业规模

在众多讨论企业技术创新影响因素的文献中，企业规模是最常被提及的因素，也是争议较大的一个因素。第二章第三节中已经对企业规模与技术创新的研究进行了较为翔实的文献回顾。对于企业规模与技术创新关系的判断主要有以下观点：正向关系（Kumar and Saqib，1996；Nelson，1959；Lall，1992；Vossen，1998）、负向关系（Kamein and Schwarts，1978；Stock，2002；Shefer and Frenkel，2005）、U 型关系（Bound，1984；Aces and Audretsch，1987；Pavitt，1987）、倒 U 型关系（Scherer，1965；Aghion，2005）及不相关关系（Cohen，1987；Lichetenberg，1991；Jefferson，2006）。研究结果之间存在矛盾争议，源于各自的理论出发点并不相同。

主张正向关系的文献的论点归结起来有两点：资源优势与抗风险优势。首先，企业的研发与创新需要承担一个巨大的成本投入，而这种投入需要有大量的资源，大企业更具有资源优势，从而更愿意投入创新活动（Comanor，1967）。其次，研发创新活动常常伴随着巨大的风险且难以预料，大企业比小企业更具备抗风险的能力，所以在创新上具有优势（Nelson，1959；Lall，1992；Vossen，1998）。主张负向关系的研究则把焦点放在小企业的行为优势上，认为小企业比大企业更有效率，动作更快（Dodgson，1993；Rothwell，1994），对于技术及行业的发展具有更敏锐的嗅觉，更愿意尝试新技术。并且，大企业科层结构严密，内部沟通成本大，创新效率低下。将两者结合的非线性观点则认为，企业规模的作用具有某个临界值，在临界值的两端发挥作用的分别是资源优势与行为优势（Aces and Audretsch，1987；Aghion，2005）。

本书对企业规模的作用的假设建立在企业资源观之上。首先，大企业的成本优势、抗风险优势、垄断优势对于企业来说都是一种资源优势，这种优势能够让具备创新意愿的企业有充足的资源储备进行创新活动，而小企业纵使有创新意愿也未必有这样的资源储备。其次，小企业的行为优势必须建立在小企业已经具备一定的资源储备和市场地位之上。而在现阶段的中国，市场化程度不高，小企业很难与大企业平起平坐，垄断依旧是最主要的优势。在这样的情况下，如何持续生存才是摆在中小企业面前首要的课题，创新的行为优势很难发挥作用。再次，产业类型也是左右规模作用的一大因素，电子信息、互联网、电商等产业能够产生大量的创新型中小企业，因为此类行业的创新需要的各类资源相对较少，创新的门槛较低。而本书聚焦的珠三角地区则以传统制造业为主要产业，创新技术门槛高，需要耗费的人力、物力、财力也相对较大。最后，在近些年国内的文献中，大部分学者采用中国的实证材料得出的结论都认为大企业在技术创新方面具备优势（周黎安和罗凯，2005；王任飞，2005；吴延兵，2007；任海云、师萍和张琳，2010）。由此，本书假设：

H1：大企业比小企业的技术创新投入更多。

二、知识资源

对于进行技术创新的企业而言，知识是非常重要的。企业要不断创造和开发知识，就需要不断补充新知识（Lane and Lubatkin，1998）。根据资源基础观，无形资源在技术创新这样的活动中非常重要。研究者为了强调知识资源的特殊作用，发展出了知识基础观（DeCarolis and Deeds，1999）。

知识基础观（Knowledge – based View）认为，企业是一个知识整体，企业的竞争优势来自知识的积累和应用（Demsetz，1988；Grant，1996）。在技术创新理论中，第一代的创新理论——技术推动理论就把科学知识和技术知识认为是推动企业创新的第一要素。该理论认为，基础科学知识推动应用性技术的发展，而应用性技术则能转化为企业的技术创新（Ogburn，1934；Bush，1945）。技术的本质就是知识（Rosenberg，1982；Meyer and Utterback，1993）。而技术创新，可以被认为是新知识在产品、服务或者过程当中成功运用的过程（Afuah，2003；Cooke et al.，2004），也可以被理解为知识的重新组合和产生新知识并将其运用的过程（Popadiuka and Choo，2006）。

在企业的创新行动中，涉及大量的知识，包括显性知识和隐性知识[①]（Cowan et al.，2000）。显性知识较容易转移（Boisot，1998），企业可以通过正式渠道（如专利市场）以较低成本获取，而对于隐性知识而言，企业则很难从正式渠道获取，必须从组织间的交流中获得。随着合作者们发展出更广阔的交流带宽，复杂的隐性知识就能变得更加明确（Simonin，1999）。所以，知识共享对于创新非常重要（Berends et al.，2007）。外部知识资源往往拥有很多企业所欠缺的知识。新产品、新技术的开发过程往往需要外界相关领域的专家进行参与（Schmickl and Kieser，2008）。所以，是否有顺畅的专业交流渠道，是企业将外部知识进行内化的关键。

知识是企业的重要资源，知识的顺利获取是企业提高竞争力的一个关键因素，不断地从外部获取知识能够显著推动企业的技术创新（O'Hagan and Green，2004）。因此，本书假设：

H2：所在地知识资源越丰富，企业的技术创新投入越多。

三、市场潜力

企业的市场潜力也是企业一项重要的资源。技术创新的需求拉动理论认为，"技术创新活动本质上和其他经济行为一样，都是企业追求利润的活动，受到市场需求的制约和影响"（Schmookler，1966）。"市场对产品提出明确的要求，通过技术创新活动，创造出适合这一需求的适销产品"（高小珣，2011）。需求资源关系假说则把市场需求看作企业重要的资源，并且认为"需求是发明之母"（斋藤优，1979）。Schmookler（1962，1966）研究发现，产品市场越大，该市场创新就越活跃，创新的行业分布受行业需求分布影响，他甚至认为如果没有事前存在的需要，相应的技术根本不会出现。Schmookler 的研究激起了关于技术变迁驱动力究竟是技术推动还是需求拉动的争议。从本质上讲，需求拉动理论认为，

---

① 显性知识是被高度编码（Codified）的知识，通过计划书、配方、手册、培训、专利等形式呈现。隐性知识缺乏这样详尽的编码（Nonaka，2008），通常是专家、工匠等无法言传的手艺与经验。

价格信号能够提供足够的关于消费者偏好的信息，以引导企业的产品开发投入（张锐，2015）。虽然后来创新链模型等理论试图弥合技术推动与需求拉动之间的鸿沟，但无法否定市场需求在创新中的重要作用（Kline，1986）。Mowery 和 Rosenberg（1979）对当时关于需求拉动创新假设的实证研究进行了综述，发现需求拉动并非创新的充分条件，市场需求与创新之间存在着互为因果的内生性关系。

此外，不少实证研究也提供了企业的市场需求促进企业技术创新的证据。如 Myers 和 Marquis（1969）对 5 个产业的 567 项创新进行研究，得出的结论是在创新中，需求与技术潜力相比是一个更重要的因素。Kleinknecht 和 Verspagen（1990）对 Schmookler 使用的数据进行重新分析，结果显示，市场需求和创新的相关性降低，却仍然是显著的。同时，创新对市场需求的反向影响作用也成立。

纵览需求与创新关系的文献大多使用实际需求量作为衡量的指标，这样的做法并不能处理市场需求与创新之间互为因果的内生性问题（Mowery and Rosenberg，1979；Kleinknecht and Verspagen，1990），会导致结果的失真。本书则采用市场潜力变量，因为对于企业市场潜力的评估一般不会滞后于企业当期的技术创新投入，因此使用市场潜力可以减少需求与技术创新之间的内生性问题。另外，从现实层面来讲，市场需求在促进企业技术创新投入的同时，也在影响着企业对现有产品、项目的投入。因此，比起市场需求存量，市场潜力更能独立影响企业在新产品、新技术方面的投入。需求的变化是促使企业进行技术创新最有效的内在激励机制（邹彩芬等，2014）。由此，本书假设：

H3：市场潜力越大，企业的技术创新投入越多。

四、资金实力

对于企业的市场经营而言，资金是很重要的一项资源。企业的生产、销售等活动均离不开资金的支持，对于技术创新而言更是如此。

企业的资源基础观认为，企业资源是附属在企业的有形和无形的资产（Wernerfelt，1984），资金就是企业最重要的有形资产。在创新领域著名的"熊彼特假说"认为，大企业及垄断企业更愿意及更有能力进行创新（Schumpeter，2013），正是因为大企业及垄断企业在资金等方面具备优势。资金实力雄厚的企业在技术创新方面有两方面的优势：①风险优势。由于技术创新充满了不确定性，因此抗风险能力是影响企业创新意愿的重要因素。资金雄厚的企业较能承担在创新研发过程中的沉没成本，因此相对于资金短缺的企业来说更有创新的意愿。②行为优势。就算是资金有差距的企业具有相同的研发意愿，它们的实际研发投入也是不同的。因为在市场还不完善的现阶段中国，企业的创新活动主要依赖于内部资金。因此，一旦内部出现资金紧张，企业就不得不放弃自己的创新意愿，转而进行更加保守的项目。因此，内部资金宽裕的企业的创新研发投入将会比那些内部资金紧张的企业要高（Czarnitzki et al.，2011）。基于这两方面的原因，本书假设：

H4：资金实力越雄厚，企业的技术创新投入越多。

第二节　企业技术创新的嵌入性

企业资源的利用在很大程度上取决于企业的外部环境（Wernerfelt，1989）。资源是企业技术创新的决定性因素，而合法性因素则是资源利用的条件。

本书采用嵌入性视角与新制度主义组织学派理论相结合的方式，从关系与制度的角度入手，认为企业的资源禀赋与合法性压力共同影响了企业的技术创新行为。上一节中提到的企业规模、知识资源与市场潜力是三种最重要的创新资源。除此之外，企业的社会资本也是企业进行技术创新的重要资源（Powell，1996；Maskell，2000；Greve and Salaff，2001）。所以，和传统的创新资源一样，企业的社会网络也能显著促进企业的技术创新。但与其他创新资源不同的是，关系网络不仅是资源，还带来了合法性压力。

企业的经济行为嵌入在社会情境之下，同时受关系和制度的双重影响（Nee and Ingram，1998），社会网络在技术创新中的作用也同时体现了关系嵌入性与制度嵌入性的影响机制。除了是一种关系资源外，社会网络所代表的网络本身同样给其他输送着来自相关群体的合法性压力（Palmer，Jennings and Zhou，1993；Sivakumar，2004），令企业的行为满足社会的期待。所以，企业的社会资本除了是一种创新资源之外，也是决定企业所受合法性压力大小的组织特征。企业所受合法性压力的大小决定着企业其他创新资源作用的差异。

此外，虽然社会资本从形式上看就是社会网络（卜长莉，2005），但社会网络包含了企业所嵌入的不同社会关系，而社会资本更趋向于一个总量的概念。不同形式的社会网络（商业网络、信息网络、研究网络等）对创新决策都有一定的影响，并且影响程度是有差异的（Landry，2002），所以本书根据网络对象的差异，将社会网络细分为不同的关系网络类型，包括生产合作网络、政企关系网络、研发合作网络、生产服务网络、公共关系网络，通过两种方式考察不同网络的影响：一种是为企业的技术创新提供物质资源、信息和技术支持；另一种是作为合法性压力渠道，影响到企业其他创新资源的调度和分配。

一、生产合作网络

本书所指的生产合作网络关系包括企业与同行竞争企业，产业链上游的供应、配套、分包商，以及产业链下游的贸易商、销售商、零售商之间的关系网络。

生产合作网络中的组织都是与企业直接发生市场交易关系的利益相关者（Frederick，1988），两者在经济上有较强的依赖性（Freeman，2010），因此在经济活动中互动较为频繁。进入 21 世纪以来，政府对企业的技术创新越来越重视，创新的观念在市场和民众中不断普及，企业面临越来越强的技术创新的组织合法性压力。这种压力会通过同行网络传递。外界厂商都希望与技术过硬的企业进行合作。而作为嵌入于合作网络中的企业而言，市场交易及合作越频繁，自身所感受到的创新合法性压力则越强。这种合法性压力迫使企业把有限的资源往技术创新投入上倾斜，资源对于创新的驱动作用将会更大。综上所述，本书假设：

H5A：生产合作网络越紧密，企业的技术创新投入越多。

H5B：企业的生产合作网络是其他资源正向影响技术创新投入的条件。

二、政企关系网络

本书中的政企关系网络指的是企业与当地政府的交往和联系。地方政府能够为企业发展提供有利的资金扶持、政策优惠、技术支持、行业交流平台等。政府的支持对于企业的研发活动有明显的激励效应（朱斌和李路路，2014）。此外，创新的需求拉动理论强调市场需求对于企业技术创新的拉动作用。但在现实中，市场失灵经常发生于创新活动之中，如企业发明的东西打不开销路、消费者急需的商品企业又生产不了等情况。这个时候，"政府在需求反馈、创新扩散中的重要作用就可以体现出来"（Stoneman and David，1986）。政府的干预不能解决所有市场失灵的问题，但在很大程度上能促进企业的技术创新。

一些学者的研究证明了在中国情境下，政企关系越强，企业受到政府的期望越高，合法性压力越大（贾明和张喆，2010；高勇强等，2011）。自从 2012 年党的十八大提出创新驱动发展战略以来，中央政府不断加强企业技术创新的引导和监控力度，对各地方政府出台了相应的中长期规划。地方政府除了提供创新的外部资源外，在向企业传递合法性压力方面也作用重大。企业为了维持良性的政企关系，一定会将有限的资源投入到技术创新当中。由此，基于资源与合法性压力的角度，本书假设：

H6A：政企关系网络越紧密，企业的技术创新投入越多。

H6B：企业的政企关系网络是其他资源正向影响技术创新投入的条件。

三、研发合作网络

本书中企业的研发合作网络是与企业技术创新直接相关的关系网络，包括高校、科研院所、创新中心等机构。企业与这些机构建立的关系与互动是本书定义的研发合作网络。

已有实证研究证明了研发合作网络对于技术创新的正向促进作用（Von Hippel，1998；Tsai and Ghoshal，1998）。Fountain 和 Atkinson（1998）通过对巴西、意大利等国的长期研究，认为企业基于生产关系或合作形成的动态社会网络能带动企业技术创新，企业是否能通过与外部知识源与信息源（如大学、科研机构等）建立广泛的社会关系网络成为影响技术合作和创新成功与否的关键因素。与生产关系网络不同，研发合作网络能够为企业带来异质性的技术和资源，对于创新而言这样的资源显然是有益的（Ruef，2002）。而且，由企业、大学、科研院所组成的合作关系可以看成是"无形学院"（Crane and Kaplan，2008），这种网络围绕着一个共同感兴趣的问题建立，这种类似"扩展版学院"的架构让企业更快获取消息和新观念。所以，研发合作网络对于创新而言非常重要。此外，企业所在地的科研院所、创新中心的设立标志着地方政府对创新驱动发展战略的贯彻，传递着创新合法性的信号。企业与此类组织接触越多、越频繁，受到的创新合法性压力则越大。因此，本书提出与生产合作网络类似的假设：

H7A：研发合作网络越紧密，企业的技术创新投入越多。

H7B：企业的研发合作网络是其他资源正向影响技术创新投入的条件。

四、生产服务网络

本书中企业的生产服务网络包括服务机构、服务型公司与研究企业之间的网络关系。钟韵和阎小培（2003）提出，生产性服务业主要包括房地产业、金融保险业、信息咨询服务业、计算机应用服务业、科学研究与综合技术服务业等。

企业的生产服务网络对于企业的技术创新活动也非常重要。企业进行技术创新活动需要大量的资源，包括场地、资金、资讯等，而生产服务网络是获得这些资源最主要的途径，能够填补企业难以完成的部分功能缺失。企业通过购买、合作、外包等方式，从生产服务机构中获取相关的外部资源。例如，科学研究与综合技术服务企业可以协助企业进行技术改造和研发，信息和管理咨询公司可以为企业制订更好的员工管理与培训计划。科技金融在技术创新中是非常重要的一环，所以金融服务机构在企业的创新活动中是必不可少的，金融服务机构为企业技术创新中的初试、中试、推广等活动中面临的资金缺口提供支持。除了给予资源，服务性网络还带来创新的合法性压力。斯特朗等（2014）认为，实际上很多创新是咨询业驱动的创新。咨询公司诱导企业模仿同行企业的行为，采用最为流行的生产技术及管理手段，让企业搭上"创新"这趟"流行花车"。他也认为，企业是有限理性的行动者，所以模仿同行进行创新活动是企业稳健的选择。而在这中间，咨询及服务机构起着推波助澜的作用（Strang et al.，2014）。所以，生产服务网络同样为企业带来了创新的合法性压力。由此，本书假设：

H8A：生产服务网络越紧密，企业的技术创新投入越多。

H8B：企业的生产服务网络是其他资源正向影响技术创新投入的条件。

五、公共关系网络

本书中企业的公共关系网络是指广告公司、大众媒体、市场推广机构与企业之间的关系网络。自2014年9月李克强总理第一次提出"大众创业、万众创新"口号以来，"创新"一词便成为老百姓所熟知的热门词汇，在媒体及社会舆论中的出现频率非常高。媒体、公众充满了对企业创新的期待。

通过公共关系网络，企业可以提升自身的知名度。企业的知名度提升之后，媒体和公众对企业更加关注，企业就会自觉或不自觉地依照社会期待来进行生产活动，自然会把更多注意力放在社会所期望的技术创新上。所以，公共关系网络越发达，包括消费者在内的一般公众对企业创新的期望压力就会越大，企业也越会努力把资源投入到技术创新当中。同时，会展及推广场合能为企业带来不少行业相关的技术咨询，也能成为企业创新的资源。所以，本书假设：

H9A：公共关系网络越紧密，企业的技术创新投入越多。

H9B：企业的公共关系网络是其他资源正向影响技术创新投入的条件。

六、企业行业协会身份与品牌情况

影响企业合法性压力差异的除了社会网络（Pamla et al.，1993；Sivakumar，2004）之外，还包括其他的组织特征，如企业的公有成分、企业高管的特征、企业的行业协会身份（高勇强等，2011）等。本书选择其中的行业协会身份以及企业的品牌状况作为社会网络之外衡量企业合法性差异的组织特征变量。

行业协会是为企业提供咨询、服务、监督的社会组织。国内的行业协会是一种半官方的组织，作为企业与政府、市场与权力之间的桥梁和纽带，行业协会在创新观念的传播中作用巨大。各地方行业协会都采取措施响应中央和地方政府的号召，例如广东省机械行业协会为了响应广东省科学技术厅的号召，在2016年5月组建成立了广东省智能电网装备产业技术创新联盟；广东省环境保护产业协会也在同一时期在协会架构的基础上组建了行业内的创新联盟。行业协会成员的企业会更加响应政府的号召，将有限的资源投入到技术创新中。而非行业协会成员的企业的资源分配则更可能倾向于短期利益导向的传统项目，而非技术创新。

企业的品牌情况也有着与行业协会身份类似的作用。品牌是企业在市场乃至在社会中的身份。相比之下，拥有自主品牌的企业的知名度更高，更会响应政府的号召和满足公众的期待，而没有自主品牌的企业则没有这种合法性压力。所以，由于曝光率更高，有自主品牌的企业比没有自主品牌的企业的合法性压力更大。因此，有自主品牌的企业会使用更有利于技术创新的资源配置组合，而无自主品牌的企业会采取稳健的策略，把资源集中于现有的项目。综合以上两个方面，本书假设：

H10：企业的行业协会身份是其他资源正向影响技术创新投入的条件。

H11：企业拥有自主品牌是其他资源正向影响技术创新投入的条件。

第五章　数据来源和变量操作化

第一节　数据来源

本书使用的数据来自中山大学珠三角改革发展研究院在 2012 年收集的制造业企业转型升级调查数据。调查对象为珠三角地区包括东莞、惠州、中山、顺德在内的四个城市。问卷的填答者为企业副经理级别以上管理者。调查的执行与问卷的回收由统计局下属的城市调查队负责。该调查总有效样本为 2143 个，剔除 55 家国有企业和 135 家属性不明的企业，本书使用的样本数为 1953 个，具体样本情况如表 5 - 1 所示。

表 5 - 1　样本基本特征

		频率	有效百分比（%）
地区	东莞	526	26.9
	顺德	521	26.7
	中山	402	20.6
	惠州	504	25.8
规模①	规模以上	1373	70.3
	规模以下	580	29.7
投资来源	外商投资企业（非港澳台）	205	10.6
	港澳台投资企业	755	39.1
	无外商投资的民营企业	971	50.3

---

① 采用国家在 2001 年的统一规定，年主营业务收入在 2000 万元及以上的法人工业企业为规模以上工业企业，年主营业务收入低于 2000 万元的法人工业企业为规模以下工业企业。

续表

		频率	有效百分比（%）
传统产业	纺织服装、鞋、帽制造业	460	23.6
	通信设备、计算机及电子设备制造业	440	22.5
	金属制品和塑料制品	155	7.9
	家电制造业	164	8.4
	灯具制造业	123	6.3
	家具制造业	81	4.2
	机械装备制造业	75	3.8
	其他①	129	6.6
战略性新兴产业②		326	16.7

第二节　变量操作化

一、被解释变量的操作化

本书将企业技术创新定义为企业组织日常的、惯例性的研发投入及与技术创新相关的其他日常活动，因此企业日常生产中与创新相关的投入是本书研究企业技术创新的切入点。在技术创新的测量方法上采用接近 TII 指标的综合指标法，以研发投入为主，兼顾其他非研发类的创新投入。之所以不选用以专利为代表的 TIP 指标，是因为现阶段国内专利制度还很不完善，以专利衡量创新的效度不高。

采用问卷 Q16 中的 4 个题项（详见附录 1）对企业技术创新进行操作化。题项让企业报告在 2008～2011 年这个时间区间内在以下方面的投入力度，包括：①研发新产品，提升产品差异化水平；②投资采用新生产机器设备/技术；③与

---

① 调查样本产业分类中的其他传统产业包括涂料、染料、造纸、玩具制造、零部件加工、化工材料等多种传统产业。

② 2010 年 9 月 8 日，国务院常务会议审议并原则通过了《国务院关于加快培育和发展战略性新兴产业的决定》（以下简称《决定》），其中明确了我国现阶段选择节能环保、新一代信息技术、生物、高端装备制造、新能源、新材料和新能源汽车七个产业作为战略性新兴产业。各省在该《决定》指导下根据本省实际情况选取重点发展的战略性新兴产业，本书采用的珠三角地区的战略性新兴产业主要包含高端新型电子信息、LED、高端装备制造和新材料这四个行业。

高校、科研机构、其他企业进行合作研发；④提升企业自主研发能力。企业用0~9的数字对投入力度进行打分，0表示没有投入，9表示投入力度非常大。对四个变量进行主成分分析，将主成分分析得到的方差解释最大的因子定义为新的变量——技术创新投入。

国内现阶段尚未有类似于欧盟和美国的CIS或者SPRU这样的权威专业的技术创新数据库，因此采用企业填答的问卷收集企业的创新情况是一种可行的方案。之所以选择这四个维度，是因为"研发新产品，提升产品差异化水平""投资采用新生产设备/技术""与其他机构合作研发"分别代表产品创新、工艺创新、合作创新三类创新中的研发投入，另外加上"提升企业自主研发能力"可作为日常生产中与创新相关的非研发类指标。

二、解释变量的操作化

（一）企业规模

本书对于企业规模的操作化有两个：劳动力指标和经济指标。前者用企业员工人数表示，调查问卷Q32中企业填写了企业的员工人数，为了令其在分析模型中的系数简洁，本书将其单位设置为"千人"。此外，考虑到员工人数是一个偏态分布，大部分企业人数集中在1千人以下，故对原始变量取对数得到新变量。

同时，在本书的第七章采用了另外一种衡量企业规模的指标，该指标来自国家工业企业调查对企业规模的划分，将企业规模变成一个二分变量[①]，0表示规模以下的企业，1表示规模以上的企业。

（二）知识资源

本书对知识资源的测量采用的指标来自问卷Q17，题项让企业填报所在地如下方面的知识资源情况：①大学、科研机构为企业提供技术创新服务；②公共技术创新平台为企业提供技术服务；③有产业集群网站或者产业专业网站；④有便于企业间沟通交流的场所和机会。企业对所在区域的现实情况的满意程度在1~9分内打分，1代表很不满意，9代表很满意。采取与因变量处理方式一样的主成分分析法，形成新的变量——知识资源。

（三）市场潜力

由于采用的问卷中没有衡量市场需求量或市场需求变化的客观指标，本书对市场潜力的测量采用问卷Q17企业对市场需求的主观打分，具体维度包括两个：

---

① 年主营业务收入在2000万元及以上的定义为规模以上工业企业，低于此标准的则为规模以下企业。

①国内市场的需求增长空间大；②国外市场的需求增长空间大。企业对这两方面的满意程度在 1~9 分内打分，1 代表很不满意，9 代表很满意。采取主成分分析法形成新变量——市场潜力。

（四）资金实力

企业的资金实力采用常用的企业财务绩效指标测度。本书选取问卷量表 Q2 中的 4 个题项作为企业资金实力的指标，包括总产值、营业收入、利润总额、留存收益。将"迅速下降"到"迅速增长"的不同选项分别赋值为 1~5，然后采用与前面相同的主成分分析法提取变量——企业资金实力。

（五）企业社会网络

对于企业社会网络的测量，采用企业自填的与 13 类组织的联系频率作为指标（见附录 1）。企业对自身与 13 类组织的联系频率用 0~9 打分，分数越高表示联系频率越高。同样采用主成分分析法提取主成分，形成 5 种不同类型的网络指标。具体的分类见表 5-2。

表 5-2　五种类型的企业社会网络及 13 项具体的测量指标

网络类型	具体维度
生产合作网络	同行业竞争者
	本地供应商、配套厂商、分包厂商
	本地分销商、国内贸易商及零售商
政企关系网络	当地政府部门
	行业协会、商会
研发合作网络	本地技术创新中心
	本地高校、科研院所
生产服务网络	本地教育培训、人才招聘服务机构
	本地金融服务机构
	本地管理咨询、信息服务机构
	本地解决劳资纠纷的机构
公共关系网络	媒体
	本地会展及市场推广机构

另外，由于分析需要，本书还另外生成了包含 13 个维度的名义变量——企业社会资本，代表企业拥有的社会资本总量。13 个维度变量间相关度较高（信度系数是 0.915，KMO 值是 0.927），且第一个公因子解释了变量接近 50% 的变

化（累计方差为49.9%），因此用一个因子代表13个维度也是可行的。

（六）企业行业身份

对于企业行业身份的测量采用的是调查问卷Q22的结果，形成一个二分变量，0代表非行业协会/商会成员，1代表行业协会/商会成员。

（七）企业品牌情况

对于企业品牌情况的测量，采用的是问卷Q7中的测量，同样形成一个二分变量，筹备商标和无注册商标的编码为0，已注册商标的编码为1。

三、控制变量的操作化

控制变量选取的主要是以往文献中认为对企业技术创新有影响的指标。根据以往的实证研究，显著影响企业技术创新的管理者的个人特征包括管理者年龄、管理者受教育程度。显著影响企业技术创新的企业特征包括所属行业、企业历史、家族涉入程度、外商投资情况。

个体层次的企业管理者特征方面，问卷Q27直接询问了"贵公司总经理的年龄"，作为"管理者年龄"的操作变量。另外一个个体层次的控制变量是管理者的受教育程度，根据问卷Q29的调查结果，本科学历以下的编码为0，本科及以上的编码为1，形成一个新的二分变量。

组织层面的企业特征方面，由于企业技术创新的差异主要体现在战略性新兴产业与非战略性新兴产业之间，因此将问卷中企业对于所属行业的填答进行重新编码，形成新的二分变量战略性新兴产业，属于战略性新兴产业的编码为1，其他行业的都编码为0。组织层面的企业历史方面，问卷Q31提问了"贵公司的成立时间"，用调查年份（2012年）减去此题得到企业历史。同时，家族涉入水平也是一个重要的组织层面变量，采用问卷Q30的结果，将创始人及第一代和第二代接班人编码为1，外聘的编码为0，形成一个新的二分类别变量——家族成员管理。

第三节 变量测量的信度和效度分析

本书采用克隆巴赫阿尔法（Cronbach's Alpha）信度系数法对问卷量表的信度进行分析[①]，主要检测量表内部项目的内在一致性。分别计算企业技术创新投

---

① 本书采用的数据为二手数据，不涉及问卷的设计和发放过程，因此无法采用重测信度法、副本信度法检测问卷的信度。且问卷大部分仍是事实式问题而非态度、意见式问题，也不适用折半信度法。

入、知识资源、市场潜力、资金实力、社会网络等名义变量测量量表的阿尔法值[①]。如表 5-3 所示，本次研究调查问卷测量的名义变量的 Cronbach's Alpha 值都在 0.6 以上，大部分在 0.75 以上，表明问卷的量表信度令人满意。

在检测完信度之余，本书采用主成分分析中的分析结果对量表的结构效度进行检测。结果如表 5-3 所示，所有的指标维度都通过了 0.05 显著性水平上的巴特利（Bartlett）球型检验。而对于另一个指标 KMO 值，除了只含两个维度的变量以外，KMO 值均大于 0.6，适合做主成分分析。如要提取主成分，要求的因子负荷最低值为 0.3，而本书相关的因子负荷都大于 0.45，因此结构效度是令人满意的。

表 5-3　名义变量的信度效度检验

变量	各维度具体指标	因子负荷	Cronbach's Alpha	KMO
技术创新投入	新机器、设备、技术投资	0.458	0.832	0.748
	合作研发措施力度	0.462		
	研发新产品措施力度	0.536		
	提升自主研发能力措施力度	0.538		
知识资源	大学、科研机构提供的技术创新服务	0.496	0.946	0.825
	公共技术创新平台提供的技术服务	0.512		
	产业集群网站、专业网站建设情况	0.504		
	企业间沟通交流的场所和机会	0.488		
市场潜力	国内市场的需求增长空间	0.707	0.784	0.500
	国外市场的需求增长空间	0.707		
资金实力	总产值	0.512	0.920	0.728
	营业收入	0.516		
	利润总额	0.502		
	留存收益	0.469		
生产合作网络	同行业竞争对手	0.542	0.645	0.646
	本地供应商、配套厂商、分包厂商	0.584		
	本地分销商、国内贸易商及零售商	0.603		

---

① 一般而言，如果 Cronbach's Alpha 系数值达到 0.9 以上，表明问卷调查的信度很好；系数在 0.8 以上，表明信度是不错的；系数在 0.5～0.9，表明信度是可以接受的，问卷测量是合理的；如果系数低于 0.5，则信度太低，问卷调查结果就不可接受了。

续表

变量	各维度具体指标	因子负荷	Cronbach's Alpha	KMO
政企关系网络	当地政府部门	0.707	0.776	0.500
	行业协会/商会	0.707		
研发合作网络	本地技术创新中心	0.707	0.850	0.500
	本地高校、科研院所	0.707		
生产服务网络	本地教育培训、人才招聘服务机构	0.509	0.840	0.814
	本地金融服务机构	0.482		
	本地管理咨询、信息服务机构	0.513		
	本地解决劳资纠纷的相关机构	0.496		
公共关系网络	媒体	0.707	0.800	0.500
	本地的会展及市场推广机构	0.707		

第六章　实证检验

第一节　描述性分析

一、企业技术创新投入

本书对企业技术创新投入的测量采用的是调查问卷 Q16 中的 4 个题项。该题测量企业在 2008～2011 年，在如下 4 项措施中的实施力度：①投资采用新生产机器设备/技术；②与高校、研究机构、其他企业进行合作研发；③研发新产品，提高产品差异化水平；④提升企业自主研发能力。企业根据自身实际投入力度在0～9这个区间打分。从图 6－1 可以看到，合作创新的投入力度最弱，产品创新和工艺创新的投入力度较高，在不同创新类型中都有相当一部分企业完全没有创新投入。

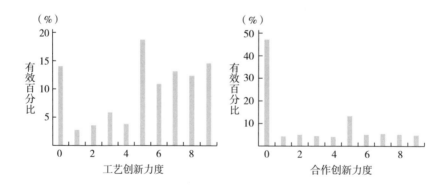

图 6－1　企业技术创新投入的密度分布

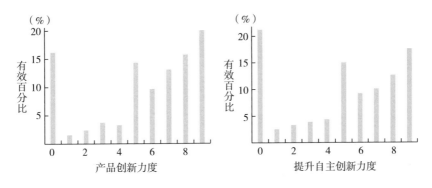

图 6 - 1　企业技术创新投入的密度分布（续）

将以上 4 个测量企业技术创新投入的变量进行主成分分析，形成新变量——技术创新投入。新变量为连续变量，取值在 − 3. 001 ~ 2. 800，其分布情况如表 6 - 1 和图 6 - 2 所示。从图 6 - 1 可知，由于有相当一部分企业没有进行技术创新，导致其最小值 − 3. 000613 出现的频率较高，大量样本堆积在分布图的最左边。除了最小值之外的技术创新投入分布相对均匀。图 6 - 2 的密度函数曲线也显示，变量的整体分布也较为近似于正态分布。

表 6 - 1　企业技术创新投入的基本情况

变量	个案数	均值	标准差	最小值	最大值
技术创新投入	1893	0. 001	1. 630	− 3. 001	2. 800

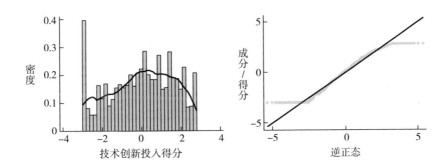

图 6 - 2　企业技术创新的偏态特征

采用 Stata 中的 qnorm 图方法对技术创新投入得分的正态性假设进行分析（见图 6 - 2），可以发现样本基本上符合正态性假设（大部分样本点贴近标准正态直线），两端的极值在一定程度上影响了变量的正态性。图6-3为进行数学转换之后的样本分布情况，可见没有任何一种转换可以完美解决因变量正态性的问题。加之样本量较大（样本量为1953），对于非正态的影响有一定的抗性，即非正态的假设可以适当放宽，故本书不对技术创新投入得分进行任何数学转换。

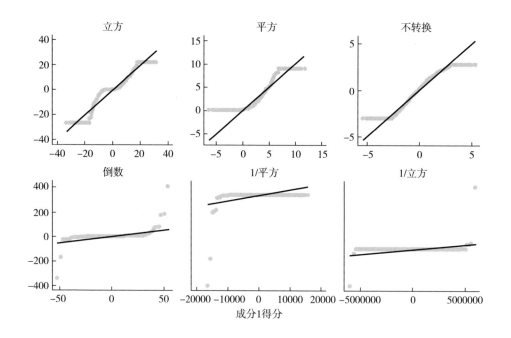

图6-3　数学转换之后企业技术创新投入的偏态特征

二、知识资源和市场潜力

本书采用的调查问卷Q17中提问了产业发展所需要的一些条件的现实情况。知识资源的操作变量包括：①大学、科研机构为企业提供技术创新服务；②公共技术创新平台为企业提供技术服务；③有产业集群网站或者产业专业网站；④有便于企业间沟通交流的场所和机会。市场潜力的操作变量包括：①国内市场的需求增长空间大；②国外市场的需求增长空间大。企业对这六个方面的条件进行打分，1分代表该方面满意度极低，分数越高代表满意度越高。

将以上两类变量分别进行因子分析，提取主成分形成变量——知识资源与市场潜力。知识资源的取值在 -3.857 ~ 4.373，市场潜力的取值在 -3.280 ~ 2.863

（见表6-2）。从图6-4可以看出，知识资源的峰值出现在0.2~0.4内，市场潜力的峰值出现在-0.4~-0.2内。可见，在总体上，企业对知识资源的主观满意度要优于市场潜力。

表6-2　知识资源和市场潜力的基本情况

变量	个案数	均值	标准差	最小值	最大值
知识资源	1889	-0.0001	1.857	-3.857	4.373
市场潜力	1918	0.0001	1.283	-3.280	2.863

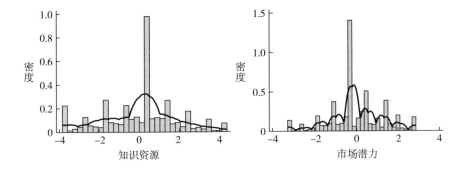

图6-4　知识资源和市场潜力的密度分布

三、资金实力

对资金实力的测量采用了调查问卷Q2中的以下四项指标：总产值、营业收入、利润总额、留存收益。选项分别为迅速下降、缓慢下降、无明显变化、缓慢增长和迅速增长。这4个变量的具体情况如表6-3所示。从样本情况来看，在2008~2011年，虽然大部分企业的营业收入和总产值都在增加，但利润的增加却不尽如人意。

将选项从"迅速下降"到"迅速增长"分别赋值1~5。采用同样的主成分分析法提取主成分，形成新的变量——企业资金实力，变量的基本情况如表6-4和图6-5所示。图6-5显示，企业资金实力的分布比较离散，峰值在0.6~1.2内，另外在-2.2附近和2.4附近还有两个小峰值。

表 6 - 3   企业资金实力各测量维度的分布情况

	总产值		营业收入		利润总额		留存收益	
	频率	有效百分比（%）	频率	有效百分比（%）	频率	有效百分比（%）	频率	有效百分比（%）
迅速下降	102	5.26	99	5.16	193	9.96	115	6.07
缓慢下降	344	17.73	379	19.74	498	25.70	408	21.52
无明显变化	277	14.28	255	13.28	332	17.13	629	33.18
缓慢增长	799	41.19	783	40.78	634	32.71	504	26.58
迅速增长	418	21.55	404	21.04	281	14.50	240	12.66
总数	1940	100	1939	100	1938	100	1896	100

表 6 - 4   企业资金实力的基本情况

变量	个案数	均值	标准差	最小值	最大值
资金实力	1893	- 0.001	1.798	- 4.051	2.807

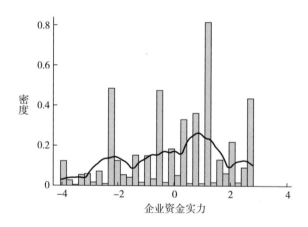

图 6 - 5   企业资金实力的密度分布

四、企业社会网络

本书采用珠三角地区制造业企业调查数据问卷 Q18 中企业与不同类别组织的

联系频率作为企业社会网络的测量指标，包括同行业竞争者在内的 13 类组织①。企业用 0 ~ 9 对不同组织的联系频率进行打分，完全没来往的是 0，分数越高代表联系频率越高。接着对以上 13 类组织分类别提取主成分，①②③形成"生产合作网络"，④⑤形成"政企关系网络"，⑥⑦形成"研发合作网络"，⑧⑨⑩⑪形成"生产服务网络"，⑫⑬形成"公共关系网络"，所有维度共同生成"企业社会网络"。由于涉及维度较多，本书不对具体维度情况进行描述，仅对因子分析后的各类社会网络情况进行报告，其分布情况如表 6 - 5 和图 6 - 6 所示。

表 6 - 5　企业社会网络的基本情况

变量	个案数	均值	标准差	最小值	最大值
生产合作网络	1879	0.0005	1.335	-4.238	2.555
政企关系网络	1927	0.0002	1.282	-3.255	2.064
研发合作网络	1923	0.0009	1.319	-1.750	2.658
生产服务网络	1917	-0.0004	1.644	-4.091	3.201
公共关系网络	1918	0.0010	1.290	-1.840	2.684
企业社会网络	1832	0.0009	2.548	-6.747	5.934

由图 6 - 6 可知，整体"企业社会网络"较符合标准正态分布，峰值出现在 0 左右，说明较多企业的社会网络维持在中等联系频率，越远离峰值密度越低。而区分不同类别的社会网络而言，生产合作网络和生产服务网络两类网络较为集中，且峰值出现在均值附近，说明大多数企业在这两类企业运营所依赖的基本关系网络上较为类似。与此不同的是，研发合作网络和公共关系网络的分布较为分散，且峰值出现在最低值附近，说明企业在建立研发合作关系和维护公共关系上的行为差异比较大，且较多的企业没有进行研发合作关系和公共关系的建设。此外，政企关系网络的分布也较为分散，而峰值集中在均值附近，说明企业在维持与政府公共部门的关系上也有差异，但较多的企业还是能够维持中等程度的联系。

---

① 分别是：a. 同行业竞争对手；b. 本地供应商、配套厂商、分包厂商；c. 本地分销商、国内贸易商及零售商；d. 当地政府部门；e. 行业协会/商会；f. 本地技术创新中心；g. 国内高校、科研院所；h. 本地教育培训、人才招聘服务机构；i. 本地金融服务机构；j. 本地管理咨询、信息服务机构；k. 本地解决劳资纠纷的相关机构；l. 媒体；m. 本地的会展及市场推广机构。

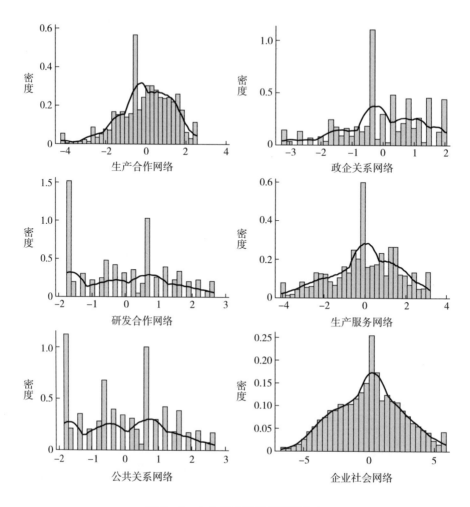

图6-6　企业社会网络的密度分布

五、企业主要特征分布

本书的分析中也纳入了一些与企业特征相关的变量，这些特征变量包括企业历史、规模、管理者年龄、员工数量、行业类型、家族涉入情况、管理者受教育程度、行业协会身份、品牌情况。以下区分类别变量和连续变量分别进行列表报告（见表6-6和表6-7）。

研究采纳国家工业企业调查的定义，用年主营业务收入2000万元为界限将样本分成规模以上和规模以下两类企业。从描述统计的结果来看，企业样本有规模以下企业580家，占29.7%。另外占总样本70.3%的企业为规模以上企业。

本书企业规模的另一种操作化方法是统计企业的员工数量（单位：千人），样本中员工最少的企业仅为 2 人，最多的企业达到 4 万多名员工，均值为 570。

表 6-6　企业特征的分布情况

主要特征		频率	有效百分比（%）
规模	规模以下	580	29.7
	规模以上	1373	70.3
行业类型	传统产业	1627	83.31
	战略性新兴产业	326	16.69
家族涉入情况	外聘经理人管理	459	23.88
	家族成员管理	1463	76.12
管理者受教育程度	本科以下	1123	58.4
	本科及以上	800	41.6
行业协会身份	非行业协会成员	999	52.19
	行业协会成员	915	47.81
品牌情况	无自主品牌	870	45.55
	有自主品牌	1040	54.45

表 6-7　企业主要特征的基本情况

变量	个案数	均值	标准差	最小值	最大值
企业历史（年）	1914	10.373	6.554	0	77
管理者年龄（岁）	1933	45.653	8.241	23	87
员工数量（千人）	1935	0.570	1.891	0.002	40.281

与企业规模类似，企业在行业类型上也分布不均等，1627 家属于传统产业，占总样本的 83.31%，战略性新兴产业企业有 326 家，占 16.69%。同时，企业在家族涉入情况上也分布不均，大部分的企业由家族成员管理，共有 1463 家，占总样本的 76.12%，外聘职业经理人管理的企业有 459 家，占总样本的 23.88%。

在调查样本中，行业协会身份、品牌情况、管理者受教育程度这几个指标的分布相对比较均匀。企业管理者学历在本科以下的占 58.4%，本科及以上的占 41.6%；非行业协会成员占 52.19%，行业协会成员占 47.81%；无自主品牌的企业占 45.55%，有自主品牌的企业占 54.45%。

除此之外，企业历史在 0～77 年，均值为 10，说明样本企业的平均成立时间为 10 年。而管理者年龄则在 23～87 岁，均值为 45.7 岁。

第二节　企业资源影响技术创新的线性回归模型

为了检验本书第四章中提出的研究假设，本书把企业的技术创新当作因变量，对其影响因素和控制变量进行多元线性回归分析。模型采用从四个维度提取主成分形成的技术创新因子得分（详见第六章第一节）作为因变量，验证两类解释变量对企业技术创新投入的影响：一类是能代表企业资源的变量，包括企业规模、知识资源、市场潜力及企业社会网络，另一类是能代表制度合法性压力差异的变量，包括企业社会网络、行业协会身份和是否拥有自主品牌。本书先进行资源因素的分析，再进行合法性因素的分析。由于企业社会网络同时具有资源及合法性特征的属性，并且包含的维度较多，故本书将在下一节单独讨论企业社会网络因素，而在本节先分析企业规模、知识资源及市场潜力三种与创新相关的资源属性。采用的回归方法是在控制变量基础上逐一添加解释变量的方法，以最小二乘法估计回归系数和显著度。为了避免样本中的离群值（极端值）使最小二乘法估计产生偏差，在构建模型后对残差进行估计，将残差绝对值大于 2.3 的样本作为离群值剔除（共剔除 5 个样本），剩余样本 1948 个。并考虑到嵌套模型的可比较性，对所有模型的样本量进行了统一，删除 254 个样本，最终得到进入模型的样本数为 1694 个。

表 6-8 的模型结果显示，模型 1 至模型 6 的 t 检验都是显著的。除了只包含控制变量的模型 1，其余模型的调整后 R^2 都超过了 0.1，各个模型都基本成立，且回归效果较好。接着对多元回归模型的多重共线性、异方差等问题进行检验。因为模型 1 至模型 6 为嵌套模型，因此只需要对模型 6 采用方差膨胀因子（VIF）和自变量相关性矩阵来检验是否存在多重共线性问题，结果见表 6-9 和表 6-10。依据较严格的标准来看，VIF 值大于 5 或容限值（1/VIF）小于 0.2 时，模型的自变量之间可能存在明显的多重共线性问题。表 6-9 的结果显示，企业技术创新投入多元线性回归模型自变量的平均 VIF 为 1.270，取值在 1.050～1.680。平均容限值为 0.787，取值在 0.612～0.952，因此判定模型基本不存在多重共线性问题。由于自变量同时包含类别变量和连续变量，故采用 Spearman 相关系数来衡量自变量之间的相关性。表 6-10 的矩阵结果显示，模型

自变量之间的相关性并不高，达到中等相关（相关系数绝对值在 0.3~0.6）的有企业历史和企业规模、知识资源和市场潜力。这些变量之间的相关系数虽然高，但也远远未达到会导致严重共线性的 0.8。综上所述，本书构建的企业技术创新影响因素的多元线性回归模型基本不存在多重共线性问题。

表6-8　企业技术创新资源因素的多元回归嵌套模型

变量	模型1	模型2	模型3	模型4	模型5	模型6
行业类型	0.782 ***	0.741 ***	0.624 ***	0.697 ***	0.637 ***	0.592 ***
(1 = 高新技术产业)	(7.383)	(7.142)	(6.208)	(6.923)	(6.364)	(6.029)
家族涉入情况	0.279 **	0.415 ***	0.424 ***	0.415 ***	0.421 ***	0.419 ***
(1 = 家族企业)	(3.049)	(4.570)	(4.844)	(4.716)	(4.840)	(4.910)
管理者受教育程度	0.429 ***	0.252 **	0.218 **	0.190 *	0.195 *	0.192 *
(1 = 本科及以上)	(5.337)	(3.107)	(2.786)	(2.412)	(2.499)	(2.513)
企业历史	0.036 ***	0.018 **	0.015 *	0.017 **	0.015 *	0.021 ***
	(5.890)	(2.875)	(2.526)	(2.761)	(2.570)	(3.497)
管理者年龄	−0.020 ***	−0.028 ***	−0.028 ***	−0.027 ***	−0.027 ***	−0.024 ***
	(−4.145)	(−5.862)	(−5.994)	(−5.888)	(−5.968)	(−5.363)
企业规模		0.261 ***	0.258 ***	0.242 ***	0.248 ***	0.215 ***
		(8.765)	(8.968)	(8.343)	(8.657)	(7.559)
知识资源			0.219 ***		0.150 ***	0.153 ***
			(11.283)		(6.163)	(6.378)
市场潜力				0.293 ***	0.160 ***	0.115 **
				(10.451)	(4.560)	(3.287)
资金实力						0.167 ***
						(8.178)
常数项	0.017	−0.813 ***	−0.751 **	−0.696 **	−0.706 **	−0.723 **
	(0.072)	(−3.340)	(−3.199)	(−2.945)	(−3.023)	(−3.156)
样本量	1694	1694	1694	1694	1694	1694
调整后 R^2	0.076	0.116	0.177	0.169	0.187	0.217

注：①双尾检验显著度：*** 表示 $p < 0.001$，** 表示 $p < 0.01$，* 表示 $p < 0.05$；②括号内为t检验值。

接下来，采用 BP（Breusch - Pagan）检验判断模型4是否存在异方差问题，在同方差假设下 Prob > chi2 的结果为 0.0314。在 $p < 0.05$ 显著性水平上可以认为

模型存在异方差现象，但在 $p < 0.01$ 显著性水平上则不能得出此结论，则认为模型不存在严重的异方差现象。对比 White 稳健估计的结果可发现与 OLS 回归结果近似，因此直接采纳 OLS 的回归结果。

表 6 - 9　企业技术创新投入资源模型的多重共线性检验

变量	VIF	1/VIF
行业类型	1.050	0.952
家族涉入情况	1.080	0.926
管理者受教育程度	1.160	0.863
企业历史	1.230	0.816
管理者年龄	1.130	0.886
企业规模	1.410	0.710
知识资源	1.630	0.612
市场潜力	1.680	0.595
资金实力	1.080	0.923
均值	1.270	0.787

表 6 - 10　资源模型的自变量 Spearman 相关矩阵

（N = 1694）	行业类型	家族涉入情况	管理者受教育程度	企业历史	管理者年龄	企业规模	知识资源	市场潜力	资金实力
行业类型	1								
家族涉入情况	-0.0647*	1							
管理者受教育程度	0.1749*	-0.2070*	1						
企业历史	0.0190	-0.0819*	0.1012*	1					
管理者年龄	0.0417	-0.0368	0.0756*	0.2908*	1				
企业规模	0.0873*	-0.2243*	0.2836*	0.3913*	0.2607*	1			
知识资源	0.1152*	-0.0440	0.0856*	0.0505	0.0343	0.0546	1		
市场潜力	0.0784*	-0.0525	0.1216*	0.0586	0.0382	0.1078*	0.5995*	1	
资金实力	0.0780*	-0.0395	0.0796*	-0.0596	-0.0610	0.1337*	0.1056*	0.1978*	1

注：双尾检验显著度：* 表示 $p < 0.01$。

分析表 6 - 8 的嵌套模型的结果，模型 1 中只包含控制变量，调整后 R^2

（Adjusted R – squared）仅为 0.076，即只能解释 7.6% 的因变量的总方差，模型解释力较差。模型 2 至模型 4 逐一添加解释变量，模型的解释力也不断提升。模型 6 调整后 R^2 为 0.217，解释力尚可。下面分析各模型及各影响因素的具体结果：

1. 企业规模对企业技术创新的影响

模型 1 在基准模型的基础上加入企业规模这个解释变量，使模型 2 的解释力增加了约 0.04，这样的结果说明企业规模对于企业技术创新有一定的解释力，单独解释了企业技术创新投入 4% 的总方差。从系数上看，在其他因素不变的情况下，企业员工数的对数每增加一个单位，企业技术创新投入得分平均增加 0.261。并且，显著性检验显示，企业规模的作用在 $p < 0.001$ 显著性水平上都是显著的。模型 3 至模型 6 加入其他解释变量后，企业规模仍然保持同一水平上显著，系数也没有明显变化。因此，假设 H1 得到了数据的支持。

2. 知识资源对企业技术创新的影响

模型 3 在模型 2 的基础上加入了知识资源因素。对比模型 2，模型 3 在模型总体解释力上增加了 6.1%（调整后 $R^2 = 0.177$）。从单独的解释变量上来看，知识资源因素同样也在 $p < 0.001$ 水平上显著，系数为 0.219。就自变量系数而言，知识资源比企业规模稍低，但不妨碍数据对于假设 H2 的支持。

3. 市场潜力对于企业技术创新的影响

模型 5 加入了市场潜力作为企业技术创新的自变量。从模型整体解释力上看有进一步的提升，调整后 R^2 为 0.187。市场潜力作为自变量的系数是 0.160，同时在 $p < 0.001$ 水平上显著。由此，假设 H3 得到了验证。

值得一提的是，对比模型 3 和模型 6 可以发现，在加入市场潜力因素之后，知识资源虽然仍然保持显著，但系数从 0.219 减少到 0.150，是一个明显的减少。为此，本书另外估计了一个包含市场潜力但不包含知识资源的模型 4。与知识资源类似，单独考虑市场潜力因素的时候，模型系数也会比考虑两种因素的时候高。造成这样的结果，很可能是知识资源与市场潜力之间有互为中介变量的效应，技术推动和市场拉动都有可能是创新的"第一推动力"。这也印证了 Kline（1985）提出的创新链的不同创新路径的观点：当创新是由技术推动时，科学知识会让消费者产生相应的引致需求，从而带动企业开拓技术创新，生产相应的产品；当创新是由市场拉动时，是消费者迫切的需求迫使科学家进行相应的理论突破，通过理论突破再来带动企业的技术创新。

4. 资金实力对企业技术创新的影响

模型 6 加入了资金实力这一解释变量，模型的总体解释力上升了 3%，达到

0.217，说明企业规模、知识资源、市场潜力和资金实力四种资源因素可以解释因变量14.1%的总方差变化。资金实力因素在 $p < 0.001$ 水平上显著，系数为0.167。所以，可认为资金实力显著促进了企业的技术创新投入，假设 H4 得到验证。

5. 控制变量的作用

从表6-8的模型1结果可见，所有的控制变量都显著影响企业的技术创新投入。除了家族企业因素在 $p < 0.01$ 水平上显著以外，其余因素都在 $p < 0.001$ 水平上显著，可见控制它们是非常有必要的。同时，在模型1至模型6中，控制变量始终保持至少在 $p < 0.05$ 水平上显著，说明始终需要保持对它们的控制。

就具体企业变量而言，行业是影响企业技术创新投入是首要因素，属于战略性新兴产业的企业比传统产业的企业技术创新得分平均高 0.782（$p < 0.001$），这是一个很显著的区别。在企业历史因素方面，成立时间越久的企业技术创新投入越多（$p < 0.001$）。由于样本均来自制造业企业，因此新创企业在技术创新方面的灵活优势不能体现出来，说明在制造业中，资源优势仍然是主导性的因素。此外，创新投入需要较大的风险承担能力，数据显示，家族企业相比非家族企业，技术创新得分平均高 0.279，并且在 $p < 0.01$ 水平上显著，可能是因为家族企业更有承担风险的能力。

由于目前中国的私营企业还大部分采用家族经营的模式，因此管理者个人的特质也会显著影响企业的行为（郑伯埙，1995）。统计结果显示，管理者年龄和管理者受教育程度都显著影响了企业的技术创新投入。根据高层梯队理论，管理者年龄越小、受教育水平越高，其风险偏好一般越高，同时受教育水平高意味着学习能力强，也更愿意进行创新投入。统计结果与国内外的不少实证研究一致（Hambrick and Mason，1984；Wally and Baurn，1994；朱斌和李路路，2014）。

第三节　企业社会网络因素影响技术创新的线性回归模型

为了分析社会网络对企业技术创新投入的影响，在表6-8模型6的基础上添加网络因素作为企业技术创新的解释变量，进行多元回归，以普通最小二乘法估计回归系数和显著度。在嵌套模型的设计上，先将包含所有关系维度的社会网络因子得分作为总量社会资本纳入模型观察回归效果。在此基础上，根据网络联系对象的组织类型将关系网络分为五类——生产合作网络、政企关系网络、研发合作网络、生产服务网络、公共关系网络①，依次观察五类网络对被解释变量的影响有何异同。

从表6-11的结果可以看出，在纳入总体社会网络因素的模型7中，调整后 R^2 比模型6增加了0.136，达到0.356。这说明单独的社会资本因素就可以解释因变量13.6%的方差变化。同时，总体社会网络因素在 $p < 0.001$ 上显著，说明社会网络确实是影响企业技术创新投入的一个重要因素。值得留意的是，在纳入社会网络因素之后，知识资源与市场潜力的解释力变得不显著了。可能的原因是，技术推动理论、需求拉动理论属于创新理论中的线性范式，而在网络范式下，线性范式的解释因素会失去自身的解释力（丘海雄和谢昕琰，2016），因为知识资源和市场潜力都需要靠企业的关系网络来传递作用，社会网络与两者的相关系数都达到中等相关程度②。接着，采用BP（Breusch-Pagan）检验判断模型是否存在异方差问题，在同方差假设下 Prob > chi2 的结果为0.0007。在 $p < 0.001$ 显著性水平上可以认为模型存在异方差现象，而采用放宽同方差假定的 BP 检验也得到同样的结果（Prob > chi2 的结果为0.0006）。因此，可以认为模型存在较严重的异方差现象。为了尽量减少异方差给模型估计的无偏性和有效性带来的影响，故对下文所有包括社会网络因素的模型采用 White 稳健回归法的估计，以求得到更加稳健的估计结果。

表6-11　企业技术创新网络因素的多元回归嵌套模型

变量	模型6	模型7	模型8	模型9
行业类型	0.591 ***	0.438 ***	0.445 ***	0.408 ***
（1=高新技术产业）	(5.835)	(4.740)	(5.165)	(4.790)
家族涉入情况	0.428 ***	0.353 ***	0.349 ***	0.318 ***
（1=家族企业）	(4.905)	(4.445)	(4.255)	(3.893)
管理者受教育程度	0.196 *	0.162 *	0.168 *	0.178 *
（1=本科及以上）	(2.500)	(2.284)	(2.308)	(2.461)
企业历史	0.022 ***	0.017 **	0.017 ***	0.016 **
	(3.568)	(3.056)	(3.331)	(3.184)

① 五类网络在下文分别简称为生产网、政企网、研发网、服务网、公关网。
② 社会资本与知识资源的相关系数（Pearson）为0.611，与市场潜力的相关系数为0.390，均在0.001水平上显著。

续表

变量	模型 6	模型 7	模型 8	模型 9
管理者年龄	-0.024 ***	-0.017 ***	-0.017 ***	-0.015 ***
	(-5.080)	(-4.060)	(-3.818)	(-3.337)
企业规模	0.213 ***	0.123 ***	0.119 ***	0.152 ***
	(7.284)	(4.551)	(4.296)	(5.462)
资金实力	0.173 ***	0.129 ***	0.133 ***	0.136 ***
	(8.295)	(6.769)	(6.925)	(7.177)
知识资源	0.157 ***	0.029		
	(6.393)	(1.225)		
市场潜力	0.110 **	0.033		
	(3.067)	(0.990)		
总体社会网络		0.278 ***	0.294 ***	
		(18.394)	(21.748)	
生产合作网络				0.150 ***
				(4.905)
政企关系网络				0.080 *
				(1.992)
研发合作网络				0.311 ***
				(7.190)
生产服务网络				-0.047
				(-1.237)
公共关系网络				0.148 ***
				(3.502)
常数项	-0.764 **	-0.445 *	-0.447 *	-0.680 **
	(-3.223)	(-2.059)	(-2.036)	(-3.055)
样本量	1609	1609	1609	1609
调整后 R^2	0.220	0.356	0.354	0.364

注：①双尾检验显著度：*** 表示 $p < 0.001$，** 表示 $p < 0.01$，* 表示 $p < 0.05$；②括号内为 t 检验值。

模型 8 为删除知识资源与市场潜力，同时采用 White 稳健回归对模型 7 进行重新估计的结果。调整后的 R^2 为 0.354，相比模型 7 的 0.356 变化不大，说明网络模型确实可以忽略知识资源和市场潜力的单独影响。同时，除了企业历史的显著性有了一定的提升之外，其余解释变量的系数和显著性没有太大的变化。但仔细观察可以发现，不少解释变量系数的 t 检验值增大了，因此标准误有了相应的减少。这说明采用 White 稳健回归后，模型的估计确实比 OLS 有效。

模型 9 则将总体社会网络拆分成五类不同的关系网络类型作为解释变量纳入模型，分别是生产网、政企网、研发网、服务网和公关网。从模型结果来看，在整体解释力上，区别网络类型的模型 9 比不区分网络类型的模型 8 能够多解释因变量 1% 的总方差。除了生产服务网络影响不显著外，其余网络类型均显著影响被解释变量。政企关系网络在 $p < 0.05$ 水平上显著，生产合作网络、研发合作网络、公共关系网络均在 $p < 0.001$ 水平上显著。考虑到不同的网络类型对被解释变量的作用可能有重叠之处，故对模型 9 采用方差膨胀因子（VIF）和自变量相关性矩阵来检验是否存在多重共线性问题，结果见表 6 - 12 和表 6 - 13。

表 6 - 12　企业技术创新投入网络模型的多重共线性检验

变量	VIF	1/VIF
行业类型	1.060	0.943
家族涉入情况	1.090	0.915
管理者受教育程度	1.160	0.863
企业历史	1.230	0.810
管理者年龄	1.150	0.869
企业规模	1.500	0.667
资金实力	1.080	0.930
生产合作网络	1.500	0.668
政企关系网络	2.310	0.433
研发合作网络	4.210	0.238
生产服务网络	3.170	0.316
公共关系网络	2.770	0.361
均值	1.850	0.541

表 6-13 资源模型的自变量 Spearman 相关矩阵

(N=1609)	行业类型	家族涉入情况	管理者受教育程度	企业历史	管理者年龄	企业规模	资金实力	生产合作网络	政企关系网络	研发合作网络	生产服务网络	公共关系网络
行业类型	1											
家族涉入情况	-0.0622	1										
管理者受教育程度	0.1702*	-0.2076*	1									
企业历史	0.0161	-0.0864*	0.1005*	1								
管理者年龄	0.0403	-0.0344	0.0728*	0.2927*	1							
企业规模	0.0807*	-0.2306*	0.2809*	0.3842*	0.2506*	1						
资金实力	0.0684*	-0.0369	0.0737*	-0.0656*	-0.0713*	0.1274*	1					
生产合作网络	0.0756*	0.0386	0.0180	0.0511	-0.0622	0.0808*	0.1499*	1				
政企关系网络	0.1271*	-0.0461	0.1312*	0.1731*	0.0632	0.2902*	0.1903*	0.5061*	1			
研发合作网络	0.1707*	-0.0169	0.1198*	0.0719*	-0.0309	0.1499*	0.1792*	0.4813*	0.6669*	1		
生产服务网络	0.1259*	-0.0717*	0.1465*	0.1013*	0.0327	0.2519*	0.1955*	0.4938*	0.6752*	0.7796*	1	
公共关系网络	0.1246*	0.0292	0.0630	0.0548	-0.0850*	0.0831*	0.1566*	0.4492*	0.5460*	0.7794*	0.6560*	1

注：双尾检验显著度：* 表示 $p < 0.05$。

从表 6-12 的结果来看，如果将五类社会网络变量同时放入模型中，可能会出现多重共线性的风险。研发合作网络的 VIF 值为 4.210，生产服务网络的 VIF 值是 3.170，明显偏离模型的 VIF 平均值，已经出现了多重共线性的端倪。表 6-13 的相关矩阵结果显示，大部分变量两两相关系数在 0.6 以下，但五个关系网络之间的相关系数普遍较高，研发网与政企网、服务网与政企网、公关网与服务网的相关系数均在 0.65 左右，而服务网与研发网、公关网与研发网的相关系数更是达到了 0.75 以上，属于高度相关。如果模型中的解释变量出现较高的相关性，很容易造成模型的多重共线性问题。如果是由不同网络类型变量引起的多重共线性问题，那么模型 9 对于不同网络类型影响系数及显著性的估计就会失真。因此，在接下来的分析中，本书将在不同的估计模型中分别纳入不同类型的企业社会网络，而不再将不同类型的网络同时纳入模型。具体的模型估计结果将在下一小节呈现。

第四节　不同社会网络类型影响企业技术创新的线性回归模型

根据第四章的研究假设，企业不同类型的关系网络作为资源，对企业技术创新有直接的促进作用；另外，不同的生产网络也是创新合法性的传播渠道，对企业中其他资源变量的作用具有条件效应。所以，在接下来的模型分析中，将社会网络拆分成五类不同的关系网络类型作为解释变量纳入模型，在作为直接解释变量的同时，也作为条件变量放入模型，估计方法同样采用 White 稳健回归法（见表 6-14）。

表 6-14　不同网络因素对企业技术创新投入的多元回归模型

变量	模型 10	模型 11	模型 12	模型 13	模型 14	模型 15
行业类型 （1 = 高新技术产业）	0.691*** (7.082)	0.581*** (6.177)	0.551*** (6.025)	0.399*** (4.663)	0.539*** (5.893)	0.504*** (5.586)
家族涉入情况 （1 = 家族企业）	0.428*** (4.557)	0.351*** (3.918)	0.381*** (4.344)	0.357*** (4.388)	0.421*** (4.874)	0.332*** (3.918)
管理者受教育程度 （1 = 本科及以上）	0.234** (2.829)	0.251** (3.205)	0.196* (2.509)	0.150* (2.044)	0.172* (2.232)	0.208** (2.761)

续表

变量	模型 10	模型 11	模型 12	模型 13	模型 14	模型 15
企业历史	0.025 ***	0.020 ***	0.017 **	0.019 ***	0.023 ***	0.018 ***
	(4.326)	(3.533)	(3.013)	(3.778)	(4.212)	(3.497)
管理者年龄	−0.024 ***	−0.018 ***	−0.021 ***	−0.017 ***	−0.021 ***	−0.015 **
	(−4.863)	(−3.954)	(−4.535)	(−3.900)	(−4.585)	(−3.214)
企业规模	0.219 ***	0.191 ***	0.120 ***	0.158 ***	0.129 ***	0.179 ***
	(7.188)	(6.498)	(4.051)	(5.785)	(4.450)	(6.380)
资金实力	0.204 ***	0.168 ***	0.152 ***	0.145 ***	0.154 ***	0.158 ***
	(9.481)	(8.121)	(7.408)	(7.585)	(7.584)	(7.993)
生产合作网络		0.296 **				
		(2.810)				
企业规模 × 生产合作网络		0.017				
		(0.887)				
资金实力 × 生产合作网络		0.021				
		(1.380)				
政企关系网络			0.270 **			
			(2.907)			
企业规模 × 政企关系网络			0.037 *			
			(2.112)			
资金实力 × 政企关系网络			0.012			
			(0.846)			
研发合作网络				0.459 ***		
				(5.397)		
企业规模 × 研发合作网络				0.003		
				(0.225)		
资金实力 × 研发合作网络				0.016		
				(1.308)		
生产服务网络					0.200 *	
					(2.491)	
企业规模 × 生产服务网络					0.031 *	
					(2.085)	

续表

变量	模型 10	模型 11	模型 12	模型 13	模型 14	模型 15
资金实力 × 生产服务网络					0.014 (1.139)	
公共关系网络						0.651*** (6.745)
企业规模 × 公共关系网络						−0.029 (−1.652)
资金实力 × 公共关系网络						0.020 (1.376)
常数项	−0.870*** (−3.526)	−0.864*** (−3.674)	−0.333 (−1.397)	−0.642** (−2.943)	−0.474* (−2.054)	−0.893*** (−3.989)
样本量	1609	1609	1609	1609	1609	1609
调整后 R^2	0.164	0.259	0.273	0.344	0.282	0.311

注：①双尾检验显著度：*** 表示 $p < 0.001$，** 表示 $p < 0.01$，* 表示 $p < 0.05$；②括号内为 t 检验值。

　　模型 11 至模型 15 分别是企业技术创新的生产合作网络模型、政企关系网络模型、研发合作网络模型、生产服务网络模型、公共关系网络模型，五个模型分别考察企业的五种关系网络对技术创新投入的影响。在检验社会网络单独作用的同时，将企业规模与资金实力作为企业内部资源的主要特征变量，与五类网络变量分别构造交乘项，以检验关系网络作为合法性压力的渠道给企业内部资源分配所带来的影响，模型 10 是进行对比的基准模型。从模型整体解释力上来看，模型 11 至模型 15 均通过了 F 检验，调整后 R^2 在 0.259 ~ 0.344，相比基准模型的 0.164 有较大的提升，五个模型具有一定的总体解释力。相比之下，生产合作网络模型调整后 R^2 最低，而研发合作网络调整后 R^2 最高。接下来对每个模型进行具体的解读。

　　模型 11 为生产合作网络模型。从模型结果可得，生产合作网络因素的系数为 0.296，并且在 $p < 0.01$ 水平上显著，但生产合作网络与企业规模、资金实力的交互项均不显著。这样的结果说明，生产合作网络可以作为资源促进企业的技术创新，但作为合法性压力渠道的作用不明显，不能传递来自外界的创新合法性压力。假设 H5A 成立，而假设 H5B 没有得到数据的支持。

　　模型 12 为政企关系网络模型。与生产网的作用一样，政企网作为解释变量

的单独作用同样在 $p < 0.01$ 水平上显著，系数为 0.270。但与生产网不同的是，政企网与企业规模的交互项在 $p < 0.05$ 水平上显著。这说明政企网不仅给企业带来资源，同样也是创新合法性的传播渠道，影响了企业规模资源对于技术创新的转化。假设 H6A 与假设 H6B 都得到了数据的支持。

模型 13 为研发合作网络模型。在这个模型中，研发网的系数为 0.459，在 $p < 0.01$ 水平上显著，假设 H7A 得到了数据支持。就单独的系数而言，研发网的单独作用明显比生产网与政企网都高。这也易于理解，合作研发本身就是技术创新中最重要的一环，承载着创新实践中大量的资源要素，所以单独作用比前两种网络大。但是，研发合作网络在提供大量创新资源的同时，本身并不起到传输合法性压力的作用，与两种内部资源变量的交互项均不显著，假设 H7B 没有得到支持。

模型 14 为生产服务网络模型。相比前面的几种网络类型，生产服务网络对于技术创新的直接作用要小一些，系数仅为 0.200，并且仅在 $p < 0.05$ 水平上显著，这说明教育、金融、咨询等组织给企业带来的技术或创新的资源并不多，但不代表完全没作用。值得注意的是，虽然生产服务网络作为资源要素的直接影响不大，却是创新合法性压力的作用渠道，影响着企业规模对于技术创新的作用，交互项在 $p < 0.05$ 水平上显著，假设 H8A、假设 H8B 均得到数据的支持。

模型 15 为公共关系网络。公共关系网络单独影响被解释变量的系数为 0.651，并且在 $p < 0.001$ 水平上显著，假设 H9A 得到了检验。同时，与生产网、研发网一样，公关网与内部资源变量的交互项的作用也不显著，假设 H9B 得不到数据的支持。此外，综观五种网络模型，没有任何一个模型与企业资金实力的交互项显著。这说明关系网络作为创新合法性的传播渠道，并不能影响企业内部对于技术创新的资金倾斜。

第五节　企业的行业身份及品牌情况作为资源影响技术创新的条件变量

一、添加交互项的回归模型

本书探寻合法性压力对企业技术创新的影响，其中与合法性压力相关的组织变量包括企业社会网络、企业的行业协会身份及企业的品牌情况。在上一节相关模型中，已经验证了不同网络类型作为合法性压力的条件作用，本节则重点探讨企业的行业身份及品牌情况的影响。

为了验证企业的行业协会及是否拥有自主品牌对企业内部资源影响企业技术创新的调节作用，在接下来的分析中，分别构造了企业规模与企业资金实力及两者的交互项。同时，由于社会网络既是合法性压力传播的渠道，也是企业重要的创新资源，故也将社会资本变量与两者进行交互。但由于社会网络的不同维度之间具有较高的相关性，所以在这一步的分析中采用包含五类网络 13 个维度的总体社会网络变量，构造了"行业身份×社会网络"及"品牌情况×社会网络"两个交互项放进模型。

表 6 - 15 中，模型 17 与模型 18 分别是行业协会身份及品牌情况作为条件变量的统计模型，模型 16 与模型 8 拥有相同的解释变量，但为了可比性，采用了和模型 17 与模型 18 相同的观测样本。从结果中我们可以看到，在模型的整体解释力上，模型 17 和模型 18 相比基准模型均有一定的提高，都通过了 F 检验。相比之下，将是否拥有自主品牌作为条件的模型 18 解释力更高，调整后 R^2 达到了 0.451，有了很好的模型整体解释力。对比模型 17 与模型 18 可以发现，行业身份是社会网络影响企业技术创新投入的条件变量，而品牌情况则是资金实力影响的条件变量。同时，品牌情况单独影响被解释变量的系数为 0.238，在 $p < 0.001$ 水平上显著，说明品牌情况除了条件作用，还有单独影响创新投入的作用。但这种作用究竟是品牌资源效应还是品牌带来的合法性压力直接对企业创新施加的影响，需要结合定性的案例分析才能给出答案。为了更好地探寻两者的条件作用，接下来将对行业协会身份、品牌情况进行分组回归。

表 6 - 15　行业协会身份及品牌情况对企业资源条件作用的多元回归模型

变量	模型 16	模型 17	模型 18
行业类型 （1 = 高新技术产业）	0.434 *** (4.953)	0.393 *** (4.605)	0.252 ** (3.103)
家族涉入情况 （1 = 家族企业）	0.360 *** (4.397)	0.295 *** (3.661)	0.271 *** (3.536)
管理者受教育程度 （1 = 本科及以上）	0.192 ** (2.594)	0.216 ** (2.996)	0.225 ** (3.282)
企业历史	0.016 ** (3.037)	0.007 (1.398)	0.003 (0.543)

续表

变量	模型 16	模型 17	模型 18
管理者年龄	− 0.017 ***	− 0.016 ***	− 0.012 **
	(− 3.757)	(− 3.630)	(− 2.996)
企业规模	0.128 ***	0.077 *	0.081 *
	(4.575)	(2.304)	(2.314)
资金实力	0.134 ***	0.145 ***	0.062 *
	(6.896)	(4.931)	(2.161)
社会网络	0.293 ***	0.233 ***	0.238 ***
	(21.433)	(11.476)	(11.561)
行业协会身份 （1 = 行业协会成员）		0.192	
		(0.716)	
行业协会身份 × 企业规模		0.075	
		(1.544)	
行业协会身份 × 资金实力		− 0.046	
		(− 1.228)	
行业协会身份 × 社会网络		0.066 *	
		(2.386)	
品牌情况 （1 = 有自主品牌）			0.684 **
			(2.787)
品牌情况 × 企业规模			0.079
			(1.766)
品牌情况 × 资金实力			0.080 *
			(2.184)
品牌情况 × 社会网络			− 0.016
			(− 0.574)
常数项	− 0.501 *	− 0.455	− 0.837 ***
	(− 2.253)	(− 1.930)	(− 3.493)
样本量	1558	1558	1558
调整后 R^2	0.356	0.387	0.451

注：①双尾检验显著度：*** 表示 p < 0.001，** 表示 p < 0.01，* 表示 p < 0.05；②括号内为 t 检验值。

二、对企业是否为行业协（商）会成员的分组回归分析

从表 6 - 15 的结果中可以看到企业的行业身份是企业资源影响技术创新的条件变量。接下来，根据企业是否拥有行业协（商）会成员身份将样本分成两组——非行业协会成员组（模型 19）和行业协会成员组（模型 20），对样本的技术创新投入进行分组多元线性回归，以进一步验证企业行业身份的调节作用（见表 6 - 16）。

表 6 - 16　非行业协会成员和行业协会成员企业的分组多元回归模型

变量	模型 19	模型 20
行业类型 （1 = 高新技术产业）	0.457 *** (3.482)	0.405 *** (3.840)
家族涉入情况 （1 = 家族企业）	0.372 *** (3.358)	0.176 (1.514)
管理者受教育程度 （1 = 本科及以上）	0.300 ** (2.871)	0.109 (1.147)
企业历史	0.010 (1.178)	0.009 (1.342)
管理者年龄	- 0.023 *** (-3.903)	- 0.010 (-1.684)
企业规模	0.070 (1.961)	0.150 *** (3.523)
资金实力	0.141 *** (4.910)	0.098 *** (3.995)
社会网络	0.232 *** (11.567)	0.305 *** (16.178)
常数项	- 0.188 (-0.646)	- 0.408 (-1.255)
样本量	857	783
调整后 R^2	0.244	0.364

注：①双尾检验显著度：＊＊＊表示 p < 0.001，＊＊表示 p < 0.01；②括号内为 t 检验值。

表 6 - 16 的模型结果显示，对企业的行业身份进行分组回归后，非行业协会

成员组模型调整后 R^2 为 0.244，而行业协会成员组模型调整后 R^2 为 0.364。这说明本书构建的企业技术创新的影响因素模型更适用于行业协会成员的企业，对于非成员身份企业的解释力比较低。下文是对模型结果的具体分析：

资金实力对企业技术创新的正向影响在非协会成员组和协会成员组中都是非常显著的（系数分别是 0.141 和 0.098，均在 $p < 0.001$ 水平上显著）。而企业规模对技术创新投入的影响则在两组企业样本之间呈现出明显的差异，在协会成员组中，企业规模的正向影响在 $p < 0.001$ 水平上显著，回归系数高达 0.150；而在非协会成员组中，企业规模的正向影响甚至在 $p < 0.05$ 水平上都不显著，且回归系数仅为 0.070。由此可见，对于非行业协会成员企业而言，企业规模对于技术创新的促进作用不大；而对于行业协会成员企业而言，企业规模的促进作用却是非常明显的。为了更好地展现该差异，以回归系数为斜率作图，可以明显发现两组的区别（见图 6 - 7）。此外，社会网络的正向作用在两组模型中均在 $p < 0.001$ 水平上显著，但行业协会成员组的回归系数较高，为 0.305，可以认为行业身份对于社会网络的影响具有一定的调节作用。

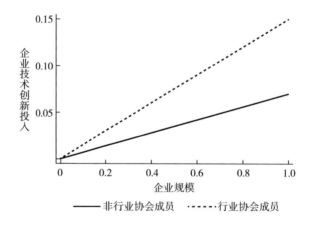

图 6 - 7　不同行业身份企业的企业规模对技术创新投入的影响

综合来看，企业是否拥有行业协会成员身份，会影响到企业资源对于技术创新投入的正向作用。在企业规模、资金实力、社会网络三种资源中，行业身份在其中两种资源中有一定的调节作用。由此可以认为，企业的行业身份是企业资源影响技术创新的条件变量，假设 H10 得到数据的支持。

三、对企业是否拥有自主品牌的分组回归分析

为了验证企业的品牌情况是否与行业身份一样对企业资源的正向影响有调节作用，本节根据企业是否具有自主品牌将企业分成两组——无自主品牌组和有自主品牌组，对两组企业样本分别进行多元线性回归，结果如表6–17所示。

表6–17　无自主品牌和有自主品牌企业的多元回归模型

变量	模型21	模型22
行业类型 （1＝高新技术产业）	0.326* (2.324)	0.244** (2.585)
家族涉入情况 （1＝家族企业）	0.310** (2.917)	0.226* (2.164)
管理者受教育程度 （1＝本科及以上）	0.225* (2.111)	0.217* (2.557)
企业历史	0.005 (0.610)	0.001 (0.222)
管理者年龄	−0.019** (−3.243)	−0.007 (−1.280)
企业规模	0.091* (2.444)	0.146*** (4.308)
资金实力	0.066* (2.329)	0.139*** (6.091)
社会网络	0.242*** (12.133)	0.227*** (12.443)
常数项	−0.630* (−2.222)	−0.257 (−0.860)
样本量	757	878
调整后 R^2	0.218	0.316

注：①双尾检验显著度：***表示 $p < 0.001$，**表示 $p < 0.01$，*表示 $p < 0.05$；②括号内为稳健的 t 检验值。

表6–17的模型结果显示，进行分组回归后，无自主品牌模型（模型21）调整后 R^2 为0.218，有自主品牌模型（模型22）调整后 R^2 为0.316。相对而言，本书建构的企业技术创新影响模型更适用于有自主品牌的企业。

企业规模对技术创新投入的影响在两组样本之间呈现出明显的差异。在有自主品牌的企业中，企业规模的正向影响在 p < 0.001 水平上显著，系数达到0.146；而在无自主品牌的企业中，企业规模的正向影响显著性下降到仅在 p < 0.05 水平上显著，且回归系数仅为 0.091。由此可见，对于有自主品牌的企业而言，企业规模的增大能十分显著地提升企业的技术创新投入，而对于没有自主品牌的企业而言，企业规模的增加对技术创新的促进作用不大。而资金实力在两组中与企业规模呈现的差异类似，同样说明了对于有自主品牌的企业来说，资金实力对技术创新的促进作用更大，而没有自主品牌的企业资金的作用却较小。同时我们可以发现，模型 21 和模型 22 中，社会网络的作用均在 p < 0.001 水平上显著，且系数相差很小，可以认为企业的品牌情况对于社会网络的正向影响没有调节作用。

综上所述，企业是否具有自主品牌会影响到企业规模、资金实力两种资源变量对于技术创新的正向作用，由此可认为，企业的品牌情况是企业资源影响技术创新的条件变量，假设 H11 得到数据的支持。

第六节　讨论与发现

本章对研究提出的假设进行了检验，下面对这些结果进行总结，见表6-18。本书提出的多数假设得到了数据的支持，少数假设不成立，还有一些假设则需补充条件才能成立。

表6-18　研究假设的检验结果

假设	验证结果
H1：大企业比小企业的技术创新投入更多	支持
H2：所在地知识资源越丰富，企业的技术创新投入越多	需要修正
H3：市场潜力越大，企业的技术创新投入越多	需要修正
H4：资金实力越雄厚，企业的技术创新投入越多	支持
H5A：生产合作网络越紧密，企业的技术创新投入越多	支持
H5B：企业的生产合作网络是其他资源正向影响技术创新投入的条件	不支持
H6A：政企关系网络越紧密，企业的技术创新投入越多	支持
H6B：企业的政企关系网络是其他资源正向影响技术创新投入的条件	支持

续表

假设	验证结果
H7A：研发合作网络越紧密，企业的技术创新投入越多	支持
H7B：企业的研发合作网络是其他资源正向影响技术创新投入的条件	不支持
H8A：生产服务网络越紧密，企业的技术创新投入越多	支持
H8B：企业的生产服务网络是其他资源正向影响技术创新投入的条件	支持
H9A：公共关系网络越紧密，企业的技术创新投入越多	支持
H9B：企业的公共关系网络是其他资源正向影响技术创新投入的条件	不支持
H10：企业的行业协会身份是其他资源正向影响技术创新投入的条件	支持
H11：企业拥有自主品牌是其他资源正向影响技术创新投入的条件	支持

本书的实证结果显示，在与企业资源相关的变量中，企业规模与资金实力对于技术创新投入的正向影响的假设 H1 和假设 H4 得到了数据很好的支持（见表 6-8）。这说明了在企业的创新实践中，规模和资金是两个很重要的影响因素。如果企业拥有规模资源和资金资源，对于企业的技术创新而言意义重大。同时，样本数据也在珠三角层面支持了"熊彼特假说"，认为企业的规模越大，企业越容易进行创新。这说明，企业规模的"资源优势说"比"行动优势说"在珠三角制造业企业中更有解释力。

表 6-18 的结果显示，关于知识资源与市场潜力的假设 H2 与假设 H3 也应该得到支持。但在加入社会网络因素的时候，知识资源与市场潜力的影响变得不显著（见表 6-11）。因此，假设 H2 和假设 H3 需要修正才能成立。对这两个假设的修正是，在不控制企业的社会网络因素时，假设 H2 和假设 H3 成立。这说明，技术创新的技术推动理论和需求拉动理论在考虑网络因素的情况下会失去一定的解释力，网络范式对于线性范式具有一定的替代性（丘海雄和谢昕琰，2016）。

同为企业资源的社会网络由于本身包含的维度角度，故将其拆解为不同的维度进行假设检验。从实证结果可以看出（见表 6-14），企业的五类网络关系都对企业的技术创新有显著的正向影响，假设 H5A、H6A、H7A、H8A、H9A 均得到了数据支持。这样的结果符合现阶段的理论和实证研究的预期，即认为企业的社会网络作为一种社会资本为企业进行的创新研发提供信息、物质资源和技术支持，提高企业的绩效表现和创新成果（Gulati，1995；Ahuja，2000；Reagans and McEvily，2003）。值得一提的是，应该十分谨慎地对待各类关系网络作为自变量的研究结果，因为有些网络因素（如生产服务网）的显著度不高，所以要使结果更加稳健，必须补充定性案例分析，由此才能验证其确切的影响机制。

社会网络对于技术创新有双重的影响机制，除了作为资源变量能够独立影响企业的技术创新投入之外，还作为合法性压力传播的渠道影响着企业创新。表 6-14 同样显示了对五种关系网络的条件变量的检验。分析结果显示，政企关系网络作为条件变量影响着企业规模的作用，假设 H6B、H8B 得到支持。自2012 年提出创新驱动发展战略以来，政府的力量在有意识或无意识地传播创新合法性压力，与政府交往密切的企业较能感受到这种压力。实证结果符合国内一些学者的观点，即政企关系越强，企业受到政府的期望越高，合法性压力越大（贾明和张喆，2010；高勇强等，2011）。具有条件效应的还有企业的生产服务网络，同样是企业规模影响创新的正效应的条件变量。这说明，服务类行业虽然没有直接给予企业多少直接的资源支持，但在创新合法性的传播过程中起着推波助澜的作用（Strang et al.，2014）。与此同时，假设 H5B、H7B、H9B 没有得到本书数据的支持，说明生产合作网络、研发合作网络、公共关系网络仅为企业的技术创新提供资源，并没有达到传播创新合法性的作用。但这样的结果仅能代表珠三角地区的情况，结论的代表性还需要更大范围的样本进行验证。社会网络对企业技术创新的影响既有促进作用也有约束作用，响应了倪志伟等研究者提出的把关系嵌入性与制度嵌入性相结合的主张（Nee and Ingram，1998），社会网络扮演着双重角色。

除了关系网络之外，本书还检验了行业身份及品牌情况两个与合法性压力有关的组织特征作为条件变量对技术创新的影响。从表 6-15 的结果中可以看出，非行业协会成员企业的规模效应不显著，而行业协会成员中技术创新的规模效应更加明显，说明企业的协会成员身份是企业规模影响技术创新的条件变量。同时，企业的行业协会身份也对社会资本的作用有一定的促进作用，假设 H10 得到验证。与企业的行业协会身份类似，企业的品牌也是企业资源影响技术创新的条件变量：在具有自主品牌的企业中，企业规模与资金实力的作用都更加显著。假设 H11 也得到了数据的支持。

另外，从表 6-8 可看出，在控制变量中，企业管理者年龄、受教育水平两个因素对企业技术创新有显著影响，年轻的、受教育水平高的管理者更偏向于进行技术创新。在组织层面，企业是否属于战略性新兴产业与企业技术创新投入力度显著正相关，但可能是因为本身此类企业就与其他企业不同，因此不做因果推断。此外，数据结果也显示了成立时间越久的企业创新投入力度越大，家族涉入水平高的企业比家族涉入水平低的企业更容易进行技术创新。

实证研究结果显示，本书提出的假设 H1、H4、H5A、H6A、H6B、H7A、H8A、H8B、H9A、H10、H11 均得到了数据的支持，但数据结果不支持某些假设。根据实证检验结果，嵌入性视角下企业资源、合法性压力影响企业技术创新投入的概念模型（见图 3 - 4）调整为如图 6 - 8 所示。

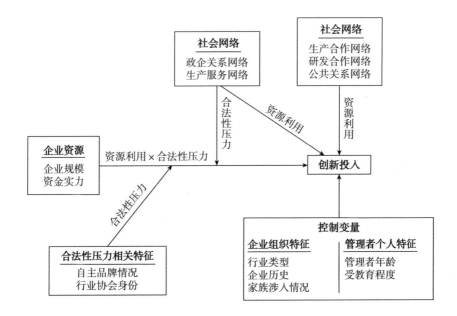

图 6 - 8　嵌入性视角下企业资源与合法性压力影响企业技术创新投入的关系模型

第七章　稳健性检验与反事实分析

第一节　基于 Tobit 模型的稳健性检验

在第六章的描述统计部分曾经提到，本书的样本企业中有相当一部分企业没有进行技术创新，因此造成在本书的主要因变量——技术创新投入得分中，最小值 −3 出现的频率较高。因为企业的创新投入不可能为负值，所以企业的技术创新得分不可能小于 −3。因此，本书的因变量就出现了删失数据（Censored Data）的情况。当因变量出现大量删失数据的时候，通过最小二乘法估计的参数有偏且不一致。

接下来将采用 Tobit 模型对第六章中的主要模型进行稳健性检验。Tobit 模型最早由 Tobin 提出，用来处理因变量有大量删失值的情况，可以很好地解决普通最小二乘法的有偏估计问题。Tobit 模型相当于普通线性回归与 Probit 模型的结合，充分利用了"企业是否进行创新投入"与"具体创新投入量"两部分信息。下面采用 Tobit 模型，对模型 6、模型 11、模型 12、模型 13、模型 14、模型 15、模型 17、模型 18 这几个主要的假设检验模型进行重新估计，将模型设置为左删失类型，删失点为 −3。

表 7−1 中模型 23 至模型 30 为 Tobit 模型的估计结果。从表中可以观察到，对比模型 6、模型 11、模型 12、模型 13、模型 14、模型 15、模型 17、模型 18 可以发现，本书所关注的自变量除了估计系数有微小的差异以外，显著性检验并没有什么不同。因此，可以认为第六章中普通最小二乘法及 White 回归法的结果是稳健的，因变量的删失数据并没有对结论造成实质性的影响。可能的原因是本书研究对象的"0 堆积"样本为 114 个，相比整体样本来说是很小的一部分。而当因变量出现大量删失数据时，普通回归分析的无偏性和有效性才会受到影响。因此，即使出现因变量的删失数据，第六章中对于假设的检验依然可以接受，本书仍采用 OLS 及 White 稳健回归法的结果作为结论的佐证。

表7-1 企业技术创新影响因素的 Tobit 模型

变量	模型23	模型24	模型25	模型26	模型27	模型28	模型29	模型30
行业类型 (1=高新技术产业)	0.606*** (5.832)	0.605*** (6.065)	0.568*** (6.232)	0.394*** (4.598)	0.562*** (6.191)	0.511*** (5.287)	0.437*** (4.652)	0.256** (2.751)
家族涉入情况 (1=家族企业)	0.447*** (4.937)	0.385*** (4.381)	0.393*** (4.384)	0.357*** (4.270)	0.432*** (4.902)	0.356*** (4.220)	0.311*** (3.794)	0.290*** (3.628)
管理者受教育程度 (1=本科及以上)	0.193* (2.377)	0.275*** (3.525)	0.204* (2.574)	0.165* (2.224)	0.191* (2.441)	0.228** (3.044)	0.209** (2.858)	0.225** (3.172)
企业历史	0.022*** (3.442)	0.020*** (3.338)	0.017** (3.028)	0.019*** (3.667)	0.023*** (4.176)	0.019*** (3.241)	0.009 (1.572)	0.003 (0.494)
管理者年龄	-0.026*** (-5.399)	-0.022*** (-4.704)	-0.025*** (-5.359)	-0.020*** (-4.355)	-0.024*** (-5.115)	-0.018*** (-3.990)	-0.019*** (-4.338)	-0.014** (-3.250)
企业规模	0.229*** (7.579)	0.205*** (6.989)	0.137*** (4.557)	0.167*** (5.997)	0.136*** (4.605)	0.192*** (6.841)	0.075* (2.235)	0.095** (2.735)
资金实力	0.170*** (7.873)	0.169*** (8.139)	0.148*** (7.059)	0.143*** (7.218)	0.154*** (7.406)	0.158*** (7.899)	0.145*** (5.091)	0.061* (2.172)
知识资源	0.161*** (6.333)							
市场潜力	0.116** (3.126)							
生产合作网络		0.346*** (3.333)						

续表

变量	模型 23	模型 24	模型 25	模型 26	模型 27	模型 28	模型 29	模型 30
企业规模×生产合作网络		0.011 (0.598)						
资金实力×生产合作网络		0.022 (1.416)						
政企关系网络			0.273** (2.696)					
企业规模×政企关系网络			0.038* (1.997)					
资金实力×政企关系网络			0.012 (0.746)					
研发合作网络				0.609*** (5.818)				
企业规模×研发合作网络				−0.008 (−0.416)				
资金实力×研发合作网络				0.017 (1.173)				
生产服务网络					0.191* (2.275)			
企业规模×生产服务网络					0.035* (2.255)			

续表

变量	模型 23	模型 24	模型 25	模型 26	模型 27	模型 28	模型 29	模型 30
资金实力×生产服务网络					0.012 (0.947)			
公共关系网络						0.658*** (6.359)		
企业规模×公共关系网络						-0.028 (-1.471)		
资金实力×公共关系网络						0.018 (1.201)		
社会网络							0.251*** (12.686)	0.258*** (12.614)
行业协会身份 (1=行业协会成员)							0.084 (0.303)	
行业协会身份×企业规模							0.095 (1.872)	
行业协会身份×资金实力							-0.051 (-1.324)	
行业协会身份×社会网络							0.057* (1.992)	
品牌情况 (1=有自主品牌)								0.779** (3.038)

续表

变量	模型 23	模型 24	模型 25	模型 26	模型 27	模型 28	模型 29	模型 30
品牌情况 × 企业规模								0.069 (1.456)
品牌情况 × 资金实力								0.083* (2.200)
品牌情况 × 社会网络								-0.035 (-1.242)
常数项	-0.794** (-3.262)	-0.848*** (-3.571)	-0.290 (-1.201)	-0.612** (-2.776)	-0.443 (-1.894)	-0.879*** (-3.899)	-0.382 (-1.587)	-0.919*** (-3.782)
sigma	1.525*** (55.282)	1.474*** (55.369)	1.471*** (52.964)	1.392*** (51.804)	1.460*** (52.706)	1.431*** (56.081)	1.352*** (54.322)	1.279*** (52.925)
Pseudo R^2	0.0622	0.0786	0.0800	0.1077	0.0839	0.0945	0.1244	0.1511
样本量	1694	1699	1745	1743	1739	1741	1640	1558

注：①双尾检验显著度：*** 表示 $p<0.001$，** 表示 $p<0.01$，* 表示 $p<0.05$；② 括号内为 t 检验值。

第二节　内生性检验与反事实分析

当代社会科学对于因果关系的判断多来自反事实框架（Counterfactual Fram-work）。反事实框架强调一个解释变量的影响或干预（Treatment）要起作用，就必须在控制组和干预组中有差异，而这个差异就是该解释变量的实际干预效果。古希腊哲人赫拉克利特有句名言："人不可能两次走进同一条河流。"所以在社会科学中，研究者很难像自然科学研究一样严格随机设置干预组和对照组进行试验，得到纯净的干预效果（Treatment Effect），而采用传统统计方法就极易产生内生性问题，导致因果识别出现偏差。排除测量误差，内生性问题主要来自广义的遗漏变量（陈云松和范晓光，2010），在数学上表现为解释变量与回归方程残差项的相关。造成内生的原因一般包括一般性遗漏变量、选择性偏误、联立性偏误。出现这三种情况的话，就容易出现内生性问题，进而影响模型的因果识别。

本书采用资源观及合法性的双重视角来透视企业的技术创新的影响因素。在企业资源方面，选取了知识资源、市场潜力、企业规模等变量作为企业资源的特征变量。与社会网络、制度等相对外生的因素不同，这些因素很可能和企业内部的其他因素相关，即可能出现内生性问题。若某些变量出现了内生性问题，那么在第六章中对假设的检验就只证明了相关关系，不能判断是否为因果关系。

知识基础观（Knowledge-based View）认为，拥有知识资源的企业更倾向于进行创新投入，本书的数据分析结果也支持知识资源对技术创新确实有影响。但在现实中，拥有不同知识资源的企业本身就存在着异质性，比如企业技术集中度、风险分析能力、管理者学习能力等，很可能是这些异质性导致了企业在技术创新中投入程度的差异；同时，进行技术创新的企业很可能获得更多的知识资源，如果是这样的话，那么知识资源与技术创新之间就有着双向的因果关系。基于此，本书如果忽略两者之间的内生性问题，那么相关的因果识别就会受到影响。

同样有双向因果问题的还有市场潜力与技术创新之间的关系。本书的分析结果支持市场潜力对于技术创新的促进作用。但有学者认为，市场需求与创新之间存在着互为因果的内生性关系（Mowery and Rosenberg，1979），并且实证分析的结果虽证实了需求对于创新的促进作用，但创新对于需求的反向因果关系同样是成立的（Kleinknecht and Verspagen，1990）。本书虽然采用了市场潜力作为测量指标，但仍无法完全回避需求与创新之间的内生性问题。

此外，同样有内生性问题的还有本书的主要解释变量——企业规模。讨论企业规模与创新的文献纷繁复杂，观点也较为分散，有正相关关系论（Kumar and Saqib，1996；Nelson，1959；Lall，1992；Vossen，1998）、负相关关系论（Kamein and Schwarts，1978；Stock，2002；Shefer and Frenkel，2005）、U 型关系论（Bound，1984；Aces and Audretsch，1987；Pavitt，1987）、倒 U 型关系论（Scherer，1965；Aghion，2005）、无关论（Cohen，1987；Lichetenberg，1991；Jefferson，2006）。造成观点差异大的一个很重要的原因是不同学者对于企业规模的解读不同。正向关系论者认为规模就是资源，越大的规模意味着企业拥有越多有利于生产经营的土地、劳动力等生产要素。而负向关系论者认为规模意味着科层制及不灵活性，越大的企业意味着越复杂的内部结构。因此，企业规模作为一个解释变量，可能背后与企业内部的某些异质性相关，大企业和小企业在创新中的差异也可能是由这些背后的因素导致的异质性引起的。由此，企业规模与技术创新之间也存在着内生性问题。如果这些异质性因素确实影响到了因变量，那么无视这种影响的话就会造成变量估计的偏误（谢宇，2006）。

内生性问题是社会科学进行因果识别的一个棘手的问题，除了严格的实验设计以外，至今仍未找到完全解决内生性的统计方法。但在实证研究中，有不少方法能够处理及缓解模型的内生性，包括赫克曼两步法、倾向值匹配法（PSM）、内生转换法（SWM）、工具变量法（IV）等方法。接下来，本书将采用相关方法对模型的内生性进行处理。

一、工具变量法（IV）

工具变量法（Instrumental Variable Regression，IV）是解决内生性问题的一种常用的方法。通常的做法是为可能产生内生性的解释变量即内生回归源寻找一个或一组工具变量，通过工具变量的两步回归法，替代内生回归源，从而得到解释变量的正确处理效应（Treatment Effect）。工具变量必须满足两个条件：一是与内生回归源相关，二是与回归中的残差不相关。

本书选取企业所在地的"城市舒适物"作为"知识资源"及"市场潜力"的工具变量。所谓舒适物（Amenities），就是使人在感官和心情上感到舒适、舒心、愉悦、满足的事物、环境、事件、设施或服务（王宁，2010），可分为自然舒适物、人造舒适物、社会环境舒适物等（Clark，2004）。有研究表明，首先，城市舒适物有利于吸引人才，特别是高端人才（王宁，2014），而作为企业知识资源的各种科研机构及技术平台基本上由高端人才组成，所以舒适物的总量直接影响了企业知识资源的多寡。其次，城市舒适物同样会带动当地的消费，从而影响企业的市场需求量。最后，城市舒适物是区域属性变量，足够外生，可认为与企业内部情况特别是技术创新回归模型中的残差项基本无关。

对于工具变量的构造，本书采用问卷中企业对所在地能源情况等 13 个题项的打分，提取主成分形成三个综合得分变量用于代表城市舒适物的不同类别，包括自然资源、公共服务、产业配套，具体的指标及信度效度检验如表 7 – 2 所示。三个建构的舒适物变量的 Cronbach's Alpha 值都大于 0.8，信度较高。同时，KMO 值都在 0.7 以上，测量变量的因子负荷也符合要求，结构效度也令人满意。

表 7 – 2　城市舒适物变量因子分析的信度效度检验

变量	测量指标	因子负荷	Cronbach's Alpha	KMO
自然资源	能源总量	0.474	0.829	0.711
	能源成本	0.517		
	土地总量	0.498		
	用地成本	0.510		
公共服务	治安情况	0.418	0.901	0.840
	生活服务设施情况	0.472		
	公共服务配套情况	0.471		
	交通网络完善程度	0.454		
	通信设施完善程度	0.417		
产业配套	物流行业完善程度	0.452	0.888	0.822
	教育培训行业完善程度	0.515		
	金融服务业完善程度	0.514		
	咨询服务业完善程度	0.516		

接下来，将采用三类舒适物变量对模型中知识资源、市场潜力的内生性问题进行检验并尝试进行修正。将第六章第二节中检验假设 H2 与假设 H3 的模型 5 当作基准模型，采用工具变量对其进行两阶段最小二乘（2SLS）回归形成模型 31。接着，采用 DWH（Durbin – Wu – Hausman）检验法对两个模型的差异进行内生性检验，得到卡方值为 – 0.71，显著拒绝无内生性的原假设。这说明模型中知识资源与市场潜力对技术创新的作用确实存在内生性问题。

采用 2SLS 方法对模型进行重新估计，Sargan 检验卡方值和 Basmann 检验卡方值的 p 值都是 0.9963，不能拒绝过度识别的原假设，说明采用"舒适物"作为工具变量不会出现过度识别的问题。在第一阶段回归中，F 检验是显著的，并且 F 值大于 10，意味着不会有弱工具变量问题。表 7 - 3 为 2SLS 模型估计结果，可以看到，在考虑内生性问题的模型 31 中，知识资源和市场潜力的作用都变得不显著了，模型 5 对知识资源和市场潜力的因果识别失效。同时在修正模型中，企业规模的作用依然是显著的。

综上所述，本书关于知识资源和市场潜力的假设 H2 与假设 H3，样本数据只能证明其相关性，而不能做出因果推断。

表 7 - 3 企业技术创新的两阶段最小二乘回归（2SLS）

变量	模型 5	模型 31
行业类型 （1 = 高新技术产业）	0.594 *** (5.527)	0.235 (0.505)
家族涉入情况 （1 = 家族企业）	0.441 *** (4.794)	0.526 ** (2.711)
管理者受教育程度 （1 = 本科及以上）	0.226 ** (2.738)	0.448 (1.485)
企业历史	0.015 * (2.395)	0.010 (0.750)
管理者年龄	− 0.025 *** (− 5.249)	− 0.031 ** (− 2.843)
知识资源	0.150 *** (5.782)	1.459 (0.941)
市场潜力	0.154 *** (4.124)	− 1.850 (− 0.780)
企业规模	0.243 *** (7.922)	0.357 * (2.451)
常数项	− 0.793 ** (− 3.131)	− 1.169 (− 1.833)
样本量	1502	1502

注：①双尾检验显著度：*** 表示 p < 0.001，** 表示 p < 0.01，* 表示 p < 0.05；②括号内为 t 检验值。

二、倾向性评分匹配法（PSM）

上一小节中，采用工具变量法对知识资源和市场潜力的内生性问题进行了处理，发现如果考虑两者的内生性问题，其对技术创新投入的影响将变得不显著。因此，知识资源、市场潜力与企业技术创新之间的关系只是相关关系，而不是因果关系。与知识资源、市场潜力类似，企业规模很可能与企业技术创新回归方程中的残差项相关，即出现内生性问题。正因为如此，不同学者对企业规模作用的判断才会出现较大的争议。但与知识、市场等影响因素中由双向因果关系带来的联立性偏误（Simultaneity Bias）不同，企业规模的内生性主要体现为选择性偏误（Selection Bias），也就是企业成为大规模企业还是小规模企业是由其某些特质影响的，如果不处理这种选择性的话，就会导致技术创新中规模效应估计的误差，而采用倾向性评分匹配方法（Propensity Score Matching，PSM）能够较好地处理这种选择性偏误。

倾向值匹配法也称倾向性评分匹配法，模拟自然实验进行随机分组，假设实验组（Treatment Group）和对照组（Control Group）的差异能被一组共变项解释，那么就可以利用这些共变项进行分层配对，使每层内部的实验组和控制组在这些共变项上性质接近，唯一的区别就是它们是否接受处理。通过这样的步骤能够得到更为精确的处理效应。本书根据以往的文献选择出一组影响企业规模的解释变量作为分层匹配的共变项，对样本进行匹配之后，得到企业规模影响技术创新的平均处理效应（Average Treatment Effect）。

（一）基于 Logit 回归的匹配

因为 PSM 要求处理效应（即自变量）必须为 0 - 1 变量，因此采用 2011 年全国工业企业调查的标准，以 2000 万元的年主营业务收入为界，把企业区分成规模以下企业和规模以上企业。规模以下企业编码为 0，规模以上企业编码为 1。采用 Logit 模型，以企业规模作为因变量，同时选择对企业规模有影响的因素作为自变量。详细回归模型见表 7 - 4。

根据 Logit 模型，对每个样本成为大规模企业的概率进行计算，图 7 - 1 是实验组（大企业）与对照组（小企业）的倾向值密度函数图。从图中可以看到，对照组成为大企业的概率的峰值不到 0.4，而实验组的倾向值峰值出现在 0.9。另外，从图中可以直观看出，两条密度函数曲线交义的部分较多，因此可认为匹配的共同支撑假设（Common Support Assumption）较容易得到满足。

表7-4 企业规模影响因素的 Logit 回归模型

变量	模型32
行业类型 (1＝高新技术产业)	-0.646*** (-3.928)
家族涉入情况 (1＝家族企业)	-0.379* (-2.235)
管理者受教育程度 (1＝本科及以上)	0.472*** (3.410)
企业历史	0.084*** (6.797)
管理者年龄	0.029*** (3.526)
资金实力	0.171*** (4.772)
外商投资情况 (1＝有外商投资)	1.260*** (8.628)
行业协会身份 (1＝行业协会成员)	0.509*** (3.873)
常数项	-1.631*** (-4.210)
样本量	1732
Pseudo R^2	0.192

注：①双尾检验显著度：***表示 $p < 0.001$，*表示 $p < 0.05$；②括号内为 z 检验值。

同时，根据 Logit 预测模型进行实验组和对照组的匹配。为了提升匹配的稳健性，本书同时采用三种不同的匹配法进行匹配及估计处理效应，包括最近邻匹配法（k-Nearest Neighbors Matching）、半径匹配法（Radius Matching）、核匹配法（Kernel Matching）①。将企业技术创新投入影响因素的 OLS 回归模型与倾向值分析得到的 ATE 值（见表7-5）中的系数进行对比，判断企业规模对企业技术创新投入的影响效应是否存在内生性问题。

① 最近邻匹配法，即根据倾向值得分高低，兼顾两组样本的差异进行一对一匹配；半径匹配法，即匹配对象间倾向得分最大半径按默认值设定为0.1；核匹配法，即各对照组对象的权重基于默认的 Gaussian 正态分布核函数确定。

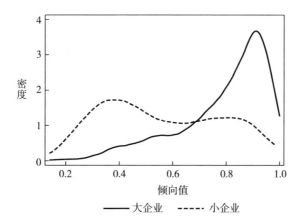

图 7 - 1 实验组（大企业）与对照组（小企业）的倾向值密度函数图

表 7 - 5 企业技术创新投入的一般多元线性回归模型

变量	模型 33
企业规模 （1 = 规模以上企业）	0.186* (2.270)
行业类型 （1 = 高新技术产业）	0.436*** (4.644)
家族涉入情况 （1 = 家族企业）	0.252** (3.164)
管理者受教育程度 （1 = 本科及以上）	0.242*** (3.416)
企业历史	0.023*** (4.186)
管理者年龄	-0.013** (-2.980)
知识资源	0.014 (0.580)
市场潜力	0.044 (1.321)
资金实力	0.132*** (6.846)

续表

变量	模型 33
生产合作网络	0.134 ***
	(4.338)
政企关系网络	0.106 **
	(2.714)
研发合作网络	0.291 ***
	(6.442)
生产服务网络	− 0.030
	(− 0.830)
公共关系网络	0.143 ***
	(3.333)
常数项	− 0.170
	(− 0.837)
样本量	1583
R^2	0.360

注：①双尾检验显著度：*** 表示 $p < 0.001$，** 表示 $p < 0.01$，* 表示 $p < 0.05$；②括号内为 z 检验值。

采用三种匹配方法，实验组和对照组样本均落在"On support"区域内，结合密度函数图可认为共同支撑假设（Common Support Assumption）得到满足。接着，对核匹配法的结果进行平行假设（Balancing Assumption）检验，表7-6呈现了检验的结果（最近邻匹配和半径匹配的结果类似，故在附录2中呈现）。通过匹配，大部分变量都消除了组间差异。除了企业主教育水平和企业资金实力匹配后仍然存在明显的组间差异外，其余变量的 t 检验 p 值已经变得不显著。所有变量的标准误偏差绝对值在匹配后都控制在了 20% 以内，并且大部分控制在了 5% 以内，未控制在 5% 以内的变量较匹配前也都有大幅改善。伪 R^2 从匹配前的 0.19 下降到匹配后的 0.008，所以本书匹配方法与匹配变量的选择保障了实验组和对照组之间的平衡性，平行假设得到满足，PSM 估计基本有效。

表7-6　采用核匹配方法的平行假设检验

匹配变量	匹配前后	处理组均值	对照组均值	标准偏差（%）	标准改进（%）	t检验p值
外商投资企业	前	0.617	0.233	84.1	94.9	0.000
	后	0.617	0.597	4.3		0.317
战略性新兴产业	前	0.154	0.194	-10.7	79.8	0.045
	后	0.154	0.146	2.2		0.570
家族企业	前	0.718	0.862	-35.70	88.6	0.000
	后	0.718	0.735	-4.1		0.363
管理者受教育程度	前	0.482	0.272	44.30	77.6	0.000
	后	0.482	0.735	9.9		0.019
企业历史	前	11.57	7.51	66.1	89.2	0.000
	后	11.57	12.02	-7.2		0.096
管理者年龄	前	46.897	42.86	49.6	90.0	0.000
	后	46.897	47.3	-5.0		0.228
资金实力	前	0.0839	-0.241	18.7	10.8	0.001
	后	0.0839	-0.206	16.7		0.000
行业身份	前	0.529	0.35	36.6	96.5	0.000
	后	0.529	0.523	1.3		0.757

（二）计算处理效应

表7-7显示了PSM模型估计的各类系数[1]，从中可发现OLS的系数要明显低于ATE效应，OLS-ATE值在三种匹配方法下都是负值。大企业和小企业确实有处理前的异质性，它们本身在企业历史、资金实力、行业身份等可观测因素上的差异就会直接影响到企业的技术创新投入。三种匹配方法下的估计结果比较相近，说明研究结果较为稳健。PSM估计的企业规模的平均处理效应（ATE）在0.276左右，比普通线性回归的系数大了近0.1，说明如果考虑内生性因素的话，企业规模增长给企业技术创新带来的作用会更大。也就是说，普通OLS低估了企业规模对技术创新的正向促进作用。从"熊彼特假说"提出至今，企业规模一直被视为影响企业创新的一个核心要素，本书的结果再次证明了这个观点。对于那些在企业历史、资金实力、管理者教育程度上处于劣势的企业来说，企业规模

---

[1] ATU和ATE采用了100次的Bootstrap法检验，进而生成其标准误及显著性检验结果。

的增长能够直接作用于创新的增长，它们比那些自身条件较好的企业更大程度地受益于企业规模的增长。

表7-7　企业规模对企业技术创新投入效应在 OLS 与 PSM 上的差异

匹配方法	多元回归模型（OLS）	倾向性评分匹配方法（PSM）			差异（OLS-ATE）
		ATT	ATU	ATE	
最近邻匹配（NN）	0.186*	0.323**	0.225	0.296*	-0.11
半径匹配（Radius）		0.294**	0.194	0.267**	-0.081
核匹配（Kernel）		0.302**	0.163	0.264**	-0.078

注：双尾检验显著度：**表示 $p<0.01$，*表示 $p<0.05$。

接下来区分企业的行业身份及品牌情况，分别进行 PSM 分析，估计结果见表7-8。结果显著，对于企业品牌情况而言，在控制处理前异质性因素的情况下，有自主品牌企业相比无自主品牌企业的规模作用的系数差异，比起普通 OLS 中的差异变化不大。在 PSM 中，按行业身份分组得到的企业规模对企业技术创新影响系数的差异，可以明显看出大于普通线性回归中的差异，这主要源于对行业协会成员企业中企业规模影响系数的低估。对于行业协会成员企业而言，在控制处理前异质性因素之后，企业规模带来的对技术创新的影响作用更大，且通过了显著性水平更高的检验。

表7-8　以行业及品牌分组情况下企业规模影响技术创新投入的 PSM 估计结果

条件变量		多元线性回归（OLS）	ATE		
			最近邻匹配	半径匹配	核匹配
行业身份	非行业协会成员	0.130	0.096	0.099	0.134
	行业协会成员	0.301*	0.537***	0.569***	0.442**
品牌情况	无自主品牌	0.198	0.207	0.214	0.224
	有自主品牌	0.274*	0.265*	0.303*	0.228*

注：双尾检验显著度：***表示 $p<0.001$，**表示 $p<0.01$，*表示 $p<0.05$。

三、异质性处理效应模型（HTE）

PSM 仅仅能够控制处理前的异质性而得出唯一的估计系数，而如果要观测处理效应的变化情况，就要使用异质性处理效应模型（Heterogeneity of Test Effect

Model，HTE）。PSM 仅能看出处理组和对照组的处理效应，而 HTE 则可以窥探不同倾向值的样本的处理效应有何差异。

第一代的 HTE 模型采用的是线性假设，但是在企业规模和技术创新关系的研究中，不少研究者发现两者可能不是单纯的线性关系，而是曲线关系，包括 U 型关系（Bound，1984；Aces and Audretsch，1987；Pavitt，1987）和倒 U 型关系（Scherer，1965；Aghion，2005）。谢宇（2006）等对第一代模型进行改进，得到了第二代模型 HTE2，其可以克服第一代模型对线性假设的局限性。本书采用的是第二代模型，得到的结果如表 7 - 9 和图 7 - 2 所示。

表 7 - 9　企业规模对企业技术创新投入效应在 OLS 与 HTE 上的差异

	多元回归模型（OLS）	异质性处理效应模型（HTE）			差异（OLS - ATE）
		ATT	ATU	ATE	
估计结果	0.218 *	0.281 *	0.215	0.263 *	- 0.045

注：双尾检验显著度：* 表示 $p < 0.05$。

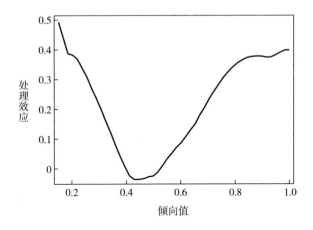

图 7 - 2　企业规模增长在技术创新投入上处理效应的变化情况

从结果中可看出，在处理前异质性和处理效应异质性都被考虑的情况下，HTE 的估计结果与 PSM 的估计结果类似，都显示 OLS 低估了规模的处理效应，采用反事实的方法得到的规模效应比传统方法得到的要大。因结果与 PSM 估计类似，在此不再赘述。采用 HTE 方法的主要发现是探测到了处理效应在不同倾向值的样本中确实存在异质性。对于那些在经营历史、资金实力等方面都很有机会成为大企业的样本来说，规模效应对于创新的促进作用是很大的，这也符合资源基础观的基本假定。而那些成为大企业概率很低的样本都是在经营历史、资金实力等方面处于劣势的企业，估计结果意外地发现此类企业的规模处理效应同样很好，甚至比具有资源优势的企业还高。原因在于，那些小规模的新创企业往往具有较高的技术嗅觉和市场灵敏度，较有追赶技术潮流的欲望，一旦他们获得了资源优势，就会把自身的创新欲望付诸实践。这样的结果说明了，在企业规模对技术创新的影响效应中，很可能大企业的"资源优势"与小企业的"行动优势"同时存在，两者相辅相成。结果还发现，那些规模倾向值在中游水平的企业的处理效应最低，这说明了规模效应对于中型企业的技术创新几乎没什么促进作用，中型企业既没有大企业的雄厚资源及垄断野心，也没有小企业的敏锐和灵动，在创新生态中属于最弱的一环。HTE 的结果整体支持了企业规模与技术创新的 U 型关系论（Bound，1984；Aces and Audretsch，1987），说明企业规模对于技术创新的作用有一个临界值，小于临界值时企业的灵活性主导了技术创新，大于临界值时主导力量变成了企业的规模资源。

（一）以行业身份分组的异质性处理效应模型结果

如果以行业身份作为分组变量进行 HTE 分析，会得到不同的结果，图 7 - 3 显示了分析的结果。如果区分企业的行业身份，将本书的私营企业分为协会/商会成员企业和非协会/商会成员企业两类，再进行异质性处理效应模型分析的话，两类企业的结果呈现了很大的差异，非行业协会/商会成员组的技术创新的规模效应呈下行曲线，而行业协会/商会成员组呈上行曲线。

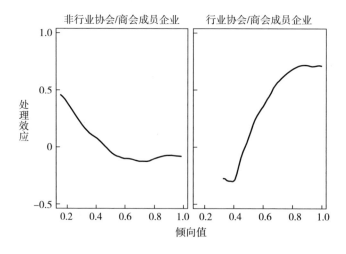

图 7 - 3　非协会/商会会员和协会/商会会员企业规模增长在技术创新投入上处理效应的变化

　　非行业协会成员的企业处理效应随着企业增大规模的概率增加而降低，说明那些各方面条件和能力越大、企业规模越不可能增长的企业，如果企业规模增长了，则在技术创新方面的投入最多。可能的解释和上一节一样，此类企业是最具灵活性的企业，具有较高的创新意愿，一旦获得规模资源则会进行创新实践。而随着企业自身条件的完善，规模增长带来的创新投入的作用逐渐下降，因为此时企业逐渐失去了灵活性，企业决策也逐渐趋于保守以巩固已有的经营绩效，不敢随意进行技术上的冒险。当经验在组织内部得以保存、信息渠道已经建立起来时，利用这些已有的资源比在全新的领域中开拓更有效率，这时组织就会避免创新、保持稳定（周雪光，2003）。从图 7 - 3 中可以看出，那些倾向值大于 0.5 的有一定实力的非协会成员企业，规模的处理效应甚至是负的，也就是规模增大的时候创新投入反而会减小。

　　反观行业协会成员组的企业，处理效应会随着企业成为大规模企业的概率增加而上升，说明在此类企业各方面条件还不完善的情况下，如果规模增大，企业会倾向于将资源用于自我完善，先提升生存竞争力，而不急于投入技术创新。而当此类企业做大做强之后，规模的作用会慢慢增大。随着规模的增大，企业在技术创新中的投入也会增大。这是因为，行业协会成员企业紧跟国家政策而行动，更能感受到创新合法性的压力，更愿意把规模增大而带来的资源投入到技术创新当中。

　　总体而言，规模在非协会成员企业中的作用是负的，而在行业协会成员企业中的作用则是正的。这也说明了合法性压力在创新实践中扮演着重要的角色，如果没有外在的创新合法性压力，企业会倾向于把已经拥有的资源投入到运作成熟、收益稳定的传统产品或项目中去，感受到创新合法性压力后才会进行技术创新。

　　（二）区分品牌情况的异质性处理效应模型结果

　　如果以品牌情况分组进行 HTE 模型分析，结果如图 7 - 4 所示。无自主品牌企业的处理效应曲线呈单调递减，而有自主品牌企业则呈 U 型曲线。对于有自主品牌而言，在曲线两端分别是"行动优势"和"资源优势"的高低，其变化规律和不分组的总体样本规律基本一致。值得注意的是，当具有品牌的企业成为大企业概率很高时，规模增加所带来的处理效应能达到一个很高的值，这是在创新实践中最优的属性组合，创新得到资源与合法性的双重驱动。

　　然而，对于无自主品牌的企业而言，技术创新投入随着成为大企业概率的增长而逐步下降。这说明无自主品牌的企业随着企业实力的增强及条件的完善，规模增大的概率提升后，企业在技术创新中的投入反而会降低，可能的原因是企业进行技术创新是为了在行业中的相关技术项目上取得领先，从而获取垄断利润。而无自主品牌企业大多只占据制造加工的环节，在生产链上不涉及高技术含量的环节，因此创新的动机较低。这类企业深知自己在生产链上所占据的位置附加值低廉，并且感受不到创新的合法性压力，因此当实力增强时更愿意把既得利润投入到证券、房地产等项目领域，而不是进行技术创新。

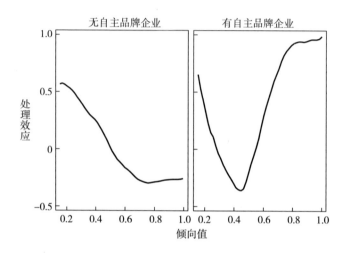

图7-4 无自主品牌和有自主品牌企业规模增长在技术创新投入上处理效应的变化

总体而言，相比无自主品牌企业，规模增长带来的资源在有自主品牌企业中对技术创新的贡献更持续稳定。

四、小结

因果识别一直是社会科学追求的目标，本节运用相关的高级统计方法，检验本书中所面临的因变量删失数据问题及内生性问题，同时用相关的技术对研究结果进行修正，得到更加稳健的研究结论。

在采用 Tobit 模型对主要模型的稳健性进行检验的过程中，发现在考虑本书因变量的删失数据问题之后，模型估计结果会有微小的差别，但不足以影响研究结论。

接着，因为知识资源、市场潜力与技术创新之间都有着双向因果的关系，容易造成因果识别中的联立性偏误，所以本节采用工具变量法（IV）对相关模型进行检验和修正。采用"城市舒适物"这样一个近似随机分配给每个样本的区域属性作为工具变量对模型进行重新估计，假设某地的"城市舒适物"含量会影响到当地的知识资源及市场需求的总量，进而影响企业的技术创新力度。结果发现，内生性问题确实影响到了普通 OLS 的估计结果。采用"城市舒适物"作为知识资源和市场潜力的工具变量进行 2SLS 回归可发现，知识资源和市场潜力对于技术创新的影响在控制联立性偏误的情况下变得不显著，传统 OLS 中得到的知识资源与技术创新、市场潜力与技术创新两对关系仅仅是相关关系。

研究同样采用反事实的方法检验企业规模和技术创新这一对创新研究领域的核心问题。采用的方法包括倾向值匹配法（PSM）和异质性处理效应模型（HTE），两种方法都控制了处理前可观测的异质性因素，然后估计规模增长对技术创新投入的作用，尽量得出企业规模对技术创新的净处理效应。PSM 分析结果显示，企业规模对技术创新的影响确实存在处理前异质性问题，使普通线性回归得到的结果有偏。换句话说，大规模企业和小规模企业是两类异质性企业，它们本身在管理者素质、企业历史、财务实力等因素上的异质性就可能导致企业技术创新的差异。控制这些异质性因素后，企业规模增大在技术创新中的作用更大。也就是说，传统 OLS 低估了企业规模对创新的作用。

最后，本书进一步采用 HTE 方法给出了具有不同倾向值的企业处理效应的变化情况，结果显示处理效应曲线呈 U 型，即随着企业规模增大的可能性的上升，规模增大对于技术创新增加的边际效用先下降后上升。同时，以企业特征分组得到的曲线会有差异。非行业协会成员和无自主品牌的企业的处理效应曲线都是单调递减曲线，随着规模的增大创新投入反而减小。与此相反的是，行业协会成员企业的处理效应曲线是单调递增曲线，有自主品牌的企业则与总体样本情况大致相同。这说明，相对于非行业协会成员、无自主品牌的企业来说，行业协会成员及有自主品牌的企业感受到的创新合法性压力更强，更愿意将有限的资源投入到技术改进及创新研发中。

第八章 结论与展望

第一节 研究结论

在全球化的创新浪潮和国内企业技术创新改革日益紧迫的背景下，传统企业普遍缺乏创新能力的问题日益显现。我国政府和社会对企业进行技术创新的期望不断提高，呼吁企业进行转型升级，从传统的要素驱动模式转换为创新驱动模式。在学术领域，对技术创新的研究也经历了将近一个世纪的发展，但很多理论问题仍需进行讨论，观点需要更多实证研究来验证。

本书定义的企业技术创新并非从思想碰撞、研发、扩散到产生绩效这样的广义的技术创新过程，而是指企业日常运营中与技术创新相关的投入，属于狭义的技术创新定义，维度包括产品创新、工艺创新、合作创新和自主创新。本书首先回顾梳理了企业技术创新领域的研究成果，在此基础上，从社会学的社会资本理论和新制度主义理论出发，结合资源观与合法性的视角探寻企业技术创新的影响因素。通过对文献的梳理，本书认为企业资源是影响技术创新的核心要素，这些资源不仅包括内部资源，还包括像社会资本这样的外部资源。同时，外界施加的创新合法性压力会迫使企业将有限的资源更多地投入技术创新中，而不同的企业在外部制度环境中所承受的合法性压力是不同的。本书尝试将合法性机制与企业资源基础观相结合，由此提出研究假设：来自外部制度环境和公众舆论的进行技术创新的合法性压力与企业对内部资源的组合，共同影响企业技术创新的投入水平。

本书对假设的验证采用的是定量研究的方法，探讨与资源相关的要素（规模、技术、市场、资金、社会资本）以及与合法性压力相关的企业特征（社会网络、协会身份、品牌情况）如何影响企业的技术创新。数据来源为二手调查数据，实证研究的对象是珠江三角洲地区的私营制造业企业，从实证研究中可以得到以下研究结论：

1. 企业资源的增加能够促进企业技术创新投入程度的提升

本书主要考察了企业的五种资源——知识资源、需求资源、资金资源、规模资源和社会资本。实证研究发现，企业所在地的知识资源（技术资源）越丰富，企业的技术创新投入量越大；同时，产品市场需求的潜力越大，创新的投入量也越大。这样的结果符合技术推动理论和需求拉动理论的观点（Bush，1945；Schmookler，1966）。但在考虑到社会网络因素之后，知识资源和需求资源的作用就变得不明显。这说明技术创新的网络范式对于线性范式确实具有替代性（丘海雄和谢昕琰，2016）。同时，在采用工具变量方法控制反向因果所带来的内生性问题之后，知识资源及市场潜力的作用也变得不显著了。那么，现实的情况很可能是企业的技术创新行为使企业获得了更多的知识资源及产品市场需求。综上所述，企业的知识资源和需求资源对于企业技术创新而言不是很好的解释变量。

企业的规模资源和资金资源同样能够显著影响企业的技术创新行为，且这种影响在加入社会网络因素的网络范式下同样显著。资金雄厚的大企业在技术创新中更具有资源优势，创新的投入量也更大。创新所带来的垄断优势也让大企业更愿意进行技术创新，这样的结果与大量已有的实证研究结果相一致（Comanor，1967；Kumar and Saqib，1996；Soete，1979；周黎安和罗凯，2005；吴延兵，2007）。考虑到大企业和小企业的样本选择性问题，本书采用了倾向值匹配及异质性处理效应模型来解决由此带来的内生性问题。结果显示，在考虑样本选择性问题之后，企业规模的作用不仅不会消失，反而比传统的线性回归中的作用更大。这说明，控制企业成立时间、管理者情况等处理前异质性特征之后，企业规模增大所带来的创新提升依然非常显著。"熊彼特假说"在当代企业，特别是私营制造业企业中，依然有很高的解释力。

2. 企业社会资本同样是影响技术创新投入的重要资源

传统创新研究的线性范式在考虑知识、市场、规模等资源的同时，较少考虑企业的社会网络资源对技术创新的影响。本书在传统资源的基础上，引入了企业的社会网络因素，认为社会网络所带来的社会资本同样是影响企业技术创新投入的重要资源。考虑到社会网络本身的异质性，本书采取区分不同网络类型的方法来处理社会网络的资源效应。研究发现：企业的生产合作网络、政企关系网络、研发合作网络、生产服务网络、公共关系网络都对企业的技术创新投入有直接的促进作用。相较而言，研发合作网络和公共关系网络的解释力更大，而其余三种网络的解释力相对较小。这说明，与企业有研发合作关系的组织以及会展等公共媒介为企业带来的创新资源最多。

3. 企业社会网络是其他资源影响技术创新投入的条件变量

企业的社会网络不仅能够为企业带来资源，而且本身也是合法性压力传播的渠道（Pamla et al.，1993；Sivakumar，1999）。据此，本书根据嵌入性视角，认为企业社会网络对技术创新不仅有直接的影响，还有条件作用。实证结果显示，政企关系网络和生产服务网络都是规模资源影响技术创新的调节性因素，与两类网络联系紧密的企业，企业规模对于技术创新的促进作用更大。政府机构是规制性制度的来源，而生产服务性机构则是规范性制度的来源，两种网络渠道同时为企业的技术创新带来了制度压力。值得一提的是，网络范式下的资金实力并不受社会网络的调节作用，说明无论在何种情况下，资金对于创新的作用都较为稳定。

4. 行业身份及品牌情况是企业资源影响技术创新的条件变量

除了社会网络因素以外，本书还另外选取与合法性压力相关的企业特征，包括企业行业协会身份、企业的自主品牌情况。本书假设有自主品牌及拥有行业协会身份的企业的合法性压力较大。本书采取添加交互项和分组回归的方法验证合法性压力对企业资源（企业规模、资金实力、社会资本）影响企业技术创新投入的调节作用。

实证研究结果显示，企业的行业协会身份是社会资本影响因变量的条件因素，而品牌情况则是资金实力影响效应的条件变量。同时，行业协会身份和品牌情况都是企业规模影响技术创新投入的条件变量。这说明，企业的规模、资金及社会资本三种资源都会受到合法性压力的条件作用，但调节的因素不尽相同：资金实力在拥有自主品牌的企业中作用更突出，而在不拥有自主品牌的企业中作用不太明显。社会资本则在行业协会成员企业中作用更大，在非行业协会成员企业中作用没那么明显。企业规模则受到行业身份及品牌情况这两种条件的影响，且在考虑样本选择性的情况下，这种条件作用会更加明显。

研究结果说明，要想促进企业的技术创新，不仅企业自身需要拥有创新资源，还需要外界给予进行创新的合法性压力，只有感受到进行创新的制度压力，企业才会将资源更多地投入到研发等创新项目中。

5. 其他影响企业技术创新投入的个体和组织因素

除了资源要素和合法性要素之外，本书的实证研究还验证了其他可能影响企业技术创新的因素。在组织层面，有三种企业特征会影响企业的创新投入水平：首先是企业所属行业，战略性新兴产业的企业在技术创新上的投入明显比传统产业的企业高；其次是企业的历史，成立时间越久的企业在技术创新上投入越大；最后，家族企业比非家族企业在技术创新上投入更大。这三种因素说明，在本书所研究的珠三角地区制造业私营企业中，资源优势仍是最重要的一种创新优势。此外，在个体层面，本书发现管理者年龄越小、受教育水平越高，企业的技术创新投入水平也越高，这样的结果说明除了企业的资源之外，管理者个人的素质在企业创新中也很重要，符合高层梯队理论的理论预期（Hambrick and Mason, 1984；Wally and Baurn, 1994；郑伯埙, 1995）。

综上所述，本书尝试将企业资源基础观与组织合法性理论结合起来研究企业的技术创新，采用珠三角地区企业作为样本，通过实证研究验证了理论假设，即来自外部制度环境的合法性压力和企业自身的资源禀赋共同影响了企业的技术创新投入水平，不同的合法性压力下企业会调整资源的组合和利用，导致创新投入的差异。社会网络在技术创新中扮演双重角色，既是企业进行创新的重要的社会资本，也是外界传递创新的合法性压力的渠道。在考虑社会网络因素的情况下，技术资源与市场资源的作用变得不明显，而资金资源和规模资源的影响却依然显著。研究结果说明，要提高企业的创新投入水平，仅仅拥有创新资源是不够的，还必须给企业施加创新的合法性压力，两者缺一不可。在塑造企业的创新行为时，资源逻辑和合法性逻辑并存。

第二节　研究的学术意义和实践意义

一、学术意义

近年来，企业的技术创新行为得到了人们的关注，企业技术创新的理论研究也逐渐受到学术界的重视，成为了一个经济学、管理学、心理学、社会学、传播学等多学科交叉兼容的研究领域。本书采用了社会学新制度主义组织学派的视角研究企业技术创新的影响因素。首先，本书分析企业技术创新相关的国内制度环境，认为已经基本形成创新制度环境对企业行为的合法性压力。本书的学术贡献之一在于将新制度主义的合法性机制理论与企业资源基础观结合起来，讨论两者如何共同促进企业的技术创新行为。本书通过定量实证研究发现，当企业所感受到外界的合法性压力不同时，企业会采用不同的资源策略，导致最终企业技术创新投入的差异。与此同时，本书再次证明，合法性机制不仅在公共部门存在，在营利性的组织中同样存在，研究的结果补充了组织社会学关于组织效率逻辑与合法性逻辑关系的文献。

其次，本书还将经济社会学的制度嵌入性视角与关系嵌入性视角相结合，以合法性作为制度嵌入性的分析要素，以企业的社会网络作为关系嵌入性的分析要素。从社会资本理论入手，把企业的社会网络当作企业的社会资本，是与资金、规模、技术作用类似的一种企业资源，与其他资源一样能够促进企业的技术创新。同时，企业的社会网络也是传播合法性压力的途径，网络越发达，企业所感受到的进行创新的压力也越大。通过维度的细分，发现企业的生产网、政企网、研发网、服务网、公关网在创新中的角色和作用都不尽相同。本书把社会网络同时当成一种资源和一种限制性的因素，并在实证研究中采取直接因素和条件因素相结合的处理方法，是对刘世定（2015）所提倡的"嵌入性去模糊性"的一次实践尝试。此外，本书对于社会网络的处理也一改以往仅仅是当成企业社会资本的处理方法，挖掘了社会网络的促成性的一面，同时也挖掘了其约束性的一面。这样的做法回应了齐美尔提出社会网络的初衷，即个体和组织的社会网络不仅仅是一种资本，带来正面的效用，同时，当行动者进入一个群体或关系网络的时候，其行为会受到所在网络的约束，即社会网络的约束性。

再次，本书重点讨论了企业规模与技术创新的关系，回应了创新领域著名的"熊彼特假说"。近年来，学者们提出规模与创新的关系不能形成一致共识的原因是没有将中间因素或调节性因素纳入考虑。本书采用控制内生性的反事实分析方法，将企业组织置于制度环境中，把合法性压力当作规模影响创新的条件变量，实证的结果也符合理论的预设。技术推动理论、瓶颈诱导理论同样强调环境对企业创新的影响，但这些经典理论的侧重点都偏向于技术环境，本书则从制度环境的角度丰富了创新环境所包含的维度，同时也补充了对于创新环境、创新生态的理论和实证研究。

此外，本书直接检验了合法性与技术创新的关系。组织社会学以往对于合法性与创新关系的讨论大多集中于组织结构创新、组织制度创新，对于组织的技术创新涉及较少。本书的研究结论证明，合法性机制在技术创新领域同样起作用，这为以后建构"合法性与创新"的大一统理论提供了实证材料的基础。在组织社会学内部关于网络与趋同性的观点中，迪马齐奥和鲍威尔（DiMaggio and Powell，1983）认为组织间的网络越发达，随着时间的推移，组织之间会越趋同；与此相反，斯科特（Scott，1991）认为，在结构化程度越高的组织网络中，组织的可能会更加多样化。本书的结论多少能回应这一对争论，就企业的技术创新而言，社会网络越发达，企业在采用创新行为这个举动上会越来越趋向于一致。但是，由于创新的不确定性，采取技术创新行为的企业组织又会产生差异很大的创新成果，造成差别很大的经济结果。所以，在组织网络的构建中，企业组织在行为上趋同，而趋同的行为又带来趋异的结果。趋同与趋异从某种意义上来讲是共存的。

最后，本书聚焦的珠三角地区可以作为研究中国制造业的典范。珠三角地区作为我国制造业产业发展的重镇，有着丰富的产业结构和雄厚的民营经济体系。本书的实证研究为企业技术创新研究积累了更多以中国制造业为背景的实践经验。前人关于中国企业技术创新的研究多局限于某一行业或某一产业集群，本书所选取的样本区域更广、代表行业更多，定量研究结论有更高的代表性，同时为跨行业、跨区域的企业创新研究提供了范例。

二、实践意义

面对国内企业长期以来一味追求短期效益，不看重产品核心技术发展的情况，国家开始重视企业的技术创新。如何引导和促进企业进行技术创新、增加在日常生产中的创新投入成为实践中亟须解决的问题。本书可以从如下几个方面为创新实践提供参考：

首先，本书探寻了企业资源对于技术创新的促进作用。在众多资源因素中，重点关注了企业规模资源对于技术创新的影响。采用反事实方法分析后发现，普通的 OLS 回归低估了规模对于企业技术创新的影响。不仅如此，对于不同规模倾向值的企业而言，规模增大对于创新的促进作用是不同的。对于大企业和小企业而言，规模的增大对于创新的促进作用是很明显的，而中型企业则不太明显。总体而言，规模增大对于小企业的技术创新促进作用最大。对于具备灵活优势的小型企业而言，政府应着重于提供各方面的资源帮助其做大做强，因为此类企业往往是具备创新潜力的企业，只是囿于资源的缺乏，所以创新投入有限。一旦这些企业获得了一定的规模资源，其创新潜力就会凸显出来。除了规模资源以外，本书的结果也肯定了资金资源对于制造业企业技术创新的重要性。政府可以通过各种形式对企业进行资金支持。同样采用相关的反事实方法，本书结论认为理论中的两个重要资源因素——所在地技术资源和企业的市场资源，在本书采用的珠三角制造业企业样本中对于企业技术创新的促进作用并不明显。

其次，本书还考察了企业的另外一项重要资源对于技术创新的影响，那就是社会资本。研究发现，企业的生产合作网络、政企关系网络、研发合作网络、生产服务网络和公共关系网络都会显著促进企业的技术创新投入。这说明，除了规模、资金等内部资源，像社会网络这样的外部资源对技术创新的作用也是非常重要的。对于企业而言，应注重自身外部各类社会网络的构建及维护，以期更好地从外部获得创新资源。在五类网络中，研发合作网络与公共关系网络的作用格外凸显，说明进一步培育和发展对制造业企业有协助作用的生产服务业，同时加强舆论媒体、市场推广机构与企业的联系，能够为企业的技术创新获得有效的物质资源和信息资源。除了考察社会网络的资源效应以外，本书还检验了社会网络作为调节性因素，对于其他资源的条件作用，以求检验社会网络传递合法性压力的作用。研究发现，政企关系网络和生产服务网络都显著调节了企业规模对技术创新的影响。政府应该意识到，推进新一轮的创新驱动发展，促进企业的自主创新，除了要保障企业获得相应的创新资源以外，同样也需要从外部给予一定的制度压力。对于政府而言，保持自身与企业的密切联系，以及让更多携带先进技术的生产服务型企业与制造业企业建立联系，都会对创新合法性的传播起很大的作用。中国私营企业的创新实践尚处于初期阶段，一方面，我们应该意识到企业资源对于企业技术创新的重要性，"巧妇难为无米之炊"，拥有充足的创新资源，企业才有可能施展自身的创新行为；另一方面，我们也应该意识到仅仅给企业提供资源是不够的，来自外界的合法性压力也同样重要。因此，在企业的创新实践中，要让企业感知到进行创新才能获得合法性，创新是时代的使命，创新是企业家精神最好的体现。如果把企业的资源比作"食材"的话，那么创新就是高超的烹饪技术，合法性压力就是适当的"炊具"，只有保障了食材和炊具，企业才能不断地精湛自己的烹饪技艺，做出美味可口的菜肴。

再次，实证研究还分析了其他对技术创新有影响的因素。研究发现，企业的行业协会身份以及自身的品牌状况也是影响企业感受合法性差异的因素。企业知名度的提升，以及拓展品牌市场，会让企业承受更多创新的合法性压力，跟随国际潮流进行创新。同时，让企业加入行业协会也能达到同样的效果。此外，实证结果显示，企业的家族涉入情况也会显著促进企业的技术创新投入，因为家族管理者拥有更高的抗风险能力，这点在创新中显得尤为重要。中国拥有较多的家族企业，如何发动这些企业投入到创新实践中，将成为政府工作中又一个可以讨论的议题。在个人特质方面，管理者个人的年龄和学历也是促进创新的重要因素，因此全面提高管理者的人力资本也是创新驱动发展战略中重要的一个环节。

最后，珠三角地区制造业发展模式以"三来一补"为特色，依托廉价的劳动力，技术价值较低。该发展模式造就了改革开放前30年的繁荣，但其不可持续性的特点凸显，加之 2008 年国际金融危机、国际贸易保护主义抬头等环境因素的影响，珠三角地区制造业逐渐失去了以往的比较优势。广东省政府把产业转型升级和创新驱动作为未来经济发展的方针和目标。产业转型升级的核心动力来源于技术创新，要实现宏观的产业转型升级必须进行微观的技术创新，提高企业的技术水平。本书的结论则是对企业技术创新的影响机制的再次剖析，以求在创新实践中把握关键的因素，助力企业创新热潮的铺开及国家创新驱动发展战略的开展。

第三节　研究的创新点

（1）采用新制度主义组织学派的视角，尝试将管理学的资源观与社会学的合法性理论相结合，认为企业的资源和制度环境中的合法性压力共同影响了企业的技术创新投入，证明在技术创新领域资源逻辑和合法性逻辑同时存在并相互影响，为未来的企业创新的理论和实证研究提供了新的视角和思路。

（2）提出企业技术创新的关系嵌入性与制度嵌入性假说，分析了企业的社会网络、品牌特征、行业身份作为资源和合法性压力组织特征如何影响企业的技术创新，其中重点分析了社会网络的双重作用：既是促进创新的资源，也是逼迫创新的合法性压力源。将企业社会网络细分为不同的网络类型，分别分析它们的作用差异。通过企业技术创新这个例子，发现企业不同的社会网络关系类型对企业组织的行为影响并不相同。本书的研究结论在一定程度上回应了企业社会资本的多重含义以及企业社会网络的多维度性质。

（3）合法性理论对于企业组织的研究多集中于结构创新与制度创新领域，本书认为合法性机制在技术创新领域同样起作用，拓展了合法性理论在企业组织创新中的适用性。

（4）通过珠三角地区的实证样本，为企业技术创新领域的相关研究补充了像中国这样的后发国家的经验案例，为后发创新国家的研究提供了参考。以往关于合法性与企业创新的研究较多关注企业创新对于提升企业合法性的作用，本书则另辟蹊径，从反向因果的角度探究合法性对于企业技术创新的作用，对这一领域的文献进行了补充。

（5）采用工具变量方法，在控制双向因果情况下，发现企业的知识资源和市场需求资源对企业技术创新的影响并不大，在质疑技术推动理论和需求拉动理论的文献中增添了珠三角地区制造业企业的实证证据。

（6）采用倾向值匹配和异质性处理效应模型，控制企业规模的处理前异质性问题，对"熊彼特假说"中企业规模与企业创新的问题进行了再次探究，也给有关"熊彼特假说"的争议提供了又一个实证结果。

第四节　研究的不足与展望

本书虽然得出了上述研究结论，具有一定的学术和实践意义，但是在很多方面仍有不足，有待在未来的研究中提升和完善：

（1）首先，本书采用二手研究数据，在样本灵活性、可操控性方面不足，对因变量的操作化无法涉及所有的过程和维度。其次，本书仅聚焦于珠三角地区，样本的代表性会有限制。再次，同样是出于二手数据的原因，本书对于合法性的测量无法涉及政治联系、企业公有成分等维度，未来可以使用跨区域的一手数据，验证更多的合法性因素对企业技术创新的影响。最后，可以将企业的整个创新过程纳入考虑范围，分析合法性在企业内部的创新转化方面发挥的作用。

（2）本书对于社会网络的操作化的研究比较粗略，并没有涉及企业社会资本中动员社会资本能力、对于不同关系的信任程度等维度，只是简单地把联系频率作为企业社会网络与社会资本的测量指标，因此结论可能会出现偏差，将来的研究可以采用更加全面的数据，从关系的联系频率、动用关系的能力、对关系的信任程度、关系的维护成本等方面对企业不同类别的关系进行测量，更加全面地探寻企业社会网络与企业技术创新的关系。并且，本书只采用了企业个体的网络关系，将来的研究可考虑采用整体网的视角，用新兴的社会网络分析方法对协同创新中的整体创新网络进行一个全面的把握。

（3）本书采用了定量研究方法进行实证研究。定量研究的逻辑是通过对文献和经验的梳理，在总结前人的成果的基础上得出自己的假设，再通过相应的数据对假设进行验证。众所周知，分析变量之间关系的具体过程和机制是定量研究天然的"短板"。本书采用珠三角地区私营制造业企业的数据对企业的技术创新进行分析，只能基于变量之间的关系，根据已有理论和推测给出自己的结论。将来的研究可以辅以定性的访谈，可以更好地厘清各种资源要素和合法性要素对技术创新的作用机制。同时，可以考虑补充政府、管理咨询公司、舆论媒体、普通消费者等的访谈材料，从侧面反映社会舆论对于技术创新的认识、制度环境中创新合法性的形成和对企业的影响。

参考文献

［1］［美］W. R. 斯科特. 制度与组织：思想观念与物质利益［M］. 北京：
中国人民大学出版社，2010.

［2］安同良，施浩，Ludovico，等. 中国制造业企业 R&D 行为模式的观测与
实证——基于江苏省制造业企业问卷调查的实证分析［J］. 经济研究，2006
（2）：21 – 30.

［3］边燕杰，丘海雄. 企业的社会资本及其功效［J］. 中国社会科学，
2000（2）：87 – 99.

［4］卜长莉. 社会资本与社会和谐［M］. 北京：社会科学文献出版社，
2005.

［5］柴俊武，万迪昉. 企业规模与 R&D 投入强度关系的实证分析［J］. 科
学学研究，2003，21（1）：58 – 62.

［6］陈云松，范晓光. 社会学定量分析中的内生性问题——测估社会互动的
因果效应研究综述［J］. 社会，2010，30（4）：91 – 117.

［7］［美］道格拉斯·诺斯. 新制度经济学及其发展［J］. 经济社会体制比
较，2002（5）：5 – 10.

［8］杜运周，张玉利. 稳健合法化战略与创新市场化整合研究——一个综合
模型［J］. 科学管理研究，2008，26（4）：14 – 17.

［9］杜运周，张玉利. 新企业死亡率的理论脉络综述与合法化成长研究展望
［J］. 科学学与科学技术管理，2009，30（5）：136 – 142.

［10］方卫华. 创新研究的三螺旋模型：概念、结构和公共政策含义［J］.
自然辩证法研究，2003，19（11）：69 – 72.

［11］傅家骥. 技术创新学［M］. 北京：清华大学出版社，1998.

［12］符平. "嵌入性"：两种取向及其分歧［J］. 社会学研究，2009（5）：
141 – 164.

［13］高柏. 中国经济发展模式转型与经济社会学制度学派［J］. 社会学研

究，2008（4）：1 – 31.

[14] 高小珣. 技术创新动因的"技术推动"与"需求拉动"争论 [J]. 技术与创新管理，2011，32（6）：590 – 593.

[15] 高小珣，汤铎铎，樊士德. 市场结构、企业规模与技术创新 [J]. 科技与经济，2011，24（6）：21 – 25.

[16] 高勇强，何晓斌，李路路. 民营企业家社会身份、经济条件与企业慈善捐赠 [J]. 经济研究，2011（12）：111 – 123.

[17] 胡元木，李瑶. 熊彼特假说理论发展与评述——基于企业规模、市场力量与 R&D 投入 [J]. 经济与管理评论，2014（5）：107 – 113.

[18] 黄敏学，李小玲，朱华伟. 企业被"逼捐"现象的剖析：是大众"无理"还是企业"无良"？[J]. 管理世界，2008（10）：115 – 126.

[19] [英] 吉本斯等. 知识生产的新模式：当代社会科学与研究的动力学 [M]. 陈洪捷，沈文钦等译. 北京：北京大学出版社，2011.

[20] 贾根良. 演化经济学：经济学革命的策源地——金理念丛书 [M]. 太原：山西人民出版社，2004.

[21] 贾明，张喆. 高管的政治关联影响公司慈善行为吗？[J]. 管理世界，2010（4）：99 – 113.

[22] [美] 康芒斯. 制度经济学 [M]. 赵睿译. 北京：华夏出版社，2013.

[23] 雷家骕，秦颖，郭淡泊. 中国的自主创新：理论与案例 [M]. 北京：清华大学出版社，2013.

[24] 李宏贵，周洁. 组织声誉与企业成长：创新合法性的中介作用 [J]. 科技进步与对策，2015，32（10）：84 – 87.

[25] 李路路，朱斌. 效率逻辑还是合法性逻辑？——现代企业制度在中国私营企业中扩散的社会学解释 [J]. 社会学评论，2014，2（2）：3 – 18.

[26] 李平，邢丽娜. 企业规模与技术创新关系的实证研究 [J]. 山东理工大学学报（社会科学版），2007，23（2）：15 – 18.

[27] 李仲飞，毛艳华，刘运国. 珠三角自主创新能力研究 [M]. 广州：广东人民出版社，2013.

[28] 刘林平. 企业的社会资本：概念反思和测量途径 [J]. 社会学研究，2006（2）：204 – 216.

[29] 刘林平，陈小娟. 制度合法性压力与劳动合同签订——对珠三角农民工劳动合同的定量研究 [J]. 中山大学学报（社会科学版），2010（1）：151 – 160.

［30］刘世定．"嵌入性"用语的不同概念、逻辑关系及扩展研究［A］．经济社会学研究（第二辑），社会科学出版社，2015：1－17.

［31］刘溯源．合法性视角下的企业社会绩效研究［D］．中山大学博士学位论文，2015.

［32］柳卸林．技术创新经济学［M］．北京：清华大学出版社，2014.

［33］［瑞典］伦德瓦尔等．转型中的亚洲创新系统［M］．北京：科学出版社，2013.

［34］吕薇．中国制造业创新与升级［M］．北京：中国发展出版社，2013.

［35］［美］纳尔逊．经济变迁的演化理论［M］．北京：商务印书馆，1997.

［36］裴云龙，江旭，刘衡．战略柔性、原始性创新与企业竞争力——组织合法性的调节作用［J］．科学学研究，2013，31（3）：446－455.

［37］彭伟，顾汉杰，符正平．联盟网络、组织合法性与新创企业成长关系研究［J］．管理学报，2013，10（12）：1760－1769.

［38］丘晴，丘海雄．珠三角创新的比较优势分析——基于制度嵌入性的视角［J］．南方经济，2016（3）：103－116.

［39］丘海雄，谢昕琰．企业技术创新的线性范式与网络范式：基于经济社会学视角［J］．广东财经大学学报，2016（6）：16－26.

［40］任海云，师萍，张琳．企业规模与R&D投入关系的实证研究——基于沪市A股制造业上市公司的数据分析［J］．科技进步与对策，2010，27（4）：68－71.

［41］史晓燕．企业技术创新能力指标体系设置及综合评价［J］．西安财经学院学报，1999（2）：37－41.

［42］王京，张冀，王怀庭．企业规模、资本结构与R&D投入的关联性研究——以山东省为例［J］．中国管理信息化，2013（17）：6－10.

［43］王宁．城市舒适物与社会不平等［J］．西北师范大学学报（社会科学版），2010，47（5）：1－8.

［44］王宁．家庭消费行为的制度嵌入性［M］．北京：社会科学文献出版社，2014.

［45］王宁．地方消费主义、城市舒适物与产业结构优化——从消费社会学视角看产业转型升级［J］．社会学研究，2014（4）：24－48.

［46］王任飞．企业R&D支出的内部影响因素研究——基于中国电子信息百强企业之实证［J］．科学学研究，2005，23（2）：225－231.

［47］韦影．企业社会资本与技术创新：基于吸收能力的理论与实证研究［M］．杭州：浙江大学出版社，2010．

［48］［美］沃尔特·W. 鲍威尔，保罗·J. 迪马吉奥．组织分析的新制度主义［M］．上海：上海人民出版社，2008．

［49］吴晓波，韦影．制药企业技术创新战略网络中的关系性嵌入［J］．科学学研究，2005，23（4）：561 - 565．

［50］吴延兵．市场结构、产权结构与 R&D——中国制造业的实证分析［J］．统计研究，2007，24（5）：67 - 75．

［51］吴运建，吴健中，周良毅．企业技术创新能力测度综述［J］．科学学与科学技术管理，1995（10）：13 - 15．

［52］［美］熊彼特．资本主义、社会主义与民主［M］．北京：商务印书馆，1999．

［53］［美］熊彼特．经济发展理论：对于利润、资本、信贷、利息和经济周期的考察［M］．北京：商务印书馆，2011．

［54］［美］熊彼特，孔伟艳，朱攀峰，等．经济发展理论［M］．北京：北京出版社，2008．

［55］谢宇．社会学方法与定量研究［M］．北京：社会科学文献出版社，2006．

［56］许冠南，周源，刘雪锋．关系嵌入性对技术创新绩效作用机制案例研究［J］．科学学研究，2011，29（11）：1728 - 1735．

［57］许庆瑞．研究、发展与技术创新管理［M］．北京：高等教育出版社，2010．

［58］颜琼，成良斌．企业社会资本对技术创新推动的作用研究［J］．科技管理研究，2006，26（7）：30 - 33．

［59］杨典．国家、资本市场与多元化战略在中国的兴衰——一个新制度主义的公司战略解释框架［J］．社会学研究，2011（6）：102 - 131．

［60］［德］尤尔根·哈贝马斯．重建历史唯物主义［M］．北京：社会科学文献出版社，2000．

［61］［日］斋藤优．技术开发论［M］．北京：科学技术文献出版社，1996．

［62］张其仔．社会资本与国有企业绩效研究［J］．当代财经，2000（1）：53 - 58．

［63］张锐．基于市场需求的企业创新活动：理论框架与案例分析［J］．工

业经济论坛，2015（3）：84 – 96.

［64］张西征，刘志远，王静．企业规模与 R&D 投入关系研究——基于企业盈利能力的分析［J］．科学学研究，2012，30（2）：265 – 274.

［65］张新艳．试论中小企业的技术创新模式选择［J］．河南社会科学，2002，10（5）：87 – 88.

［66］赵延东，罗家德．如何测量社会资本：一个经验研究综述［J］．国外社会科学，2005（2）：18 – 24.

［67］郑伯埙．差序格局与华人组织行为［J］．本土心理学研究，1995，3（1）：142 – 219.

［68］郑胜利，陈国智．企业社会资本积累与企业竞争优势［J］．生产力研究，2002（1）：133 – 135.

［69］钟韵，阎小培．我国生产性服务业与经济发展关系研究［J］．人文地理，2003，18（5）：46 – 51.

［70］周黎安，罗凯．企业规模与创新：来自中国省级水平的经验证据［J］．经济学（季刊），2005，4（2）：623 – 638.

［71］周立军，何自力．技术创新网络的运行研究——基于知识、学习和社会资本的综合运行框架［J］．情报杂志，2009，28（3）：71 – 74.

［72］周小虎，陈传明．企业社会资本与持续竞争优势［J］．中国工业经济，2004（5）：90 – 96.

［73］周雪光．组织社会学十讲［M］．北京：社会科学文献出版社，2003.

［74］朱斌，李路路．政府补助与民营企业研发投入［J］．社会，2014（4）：165 – 186.

［75］朱彬钰．集群企业资源获取、吸收能力与技术创新绩效——珠三角传统产业集群中的企业研究［J］．科技进步与对策，2009，26（10）：84 – 90.

［76］朱国宏．经济社会学导论［M］．上海：复旦大学出版社，2005.

［77］朱恒鹏．企业规模、市场力量与民营企业创新行为［J］．世界经济，2006（12）：41 – 52.

［78］邹彩芬，刘双，谢琼．市场需求、政府补贴与企业技术创新关系研究［J］．统计与决策，2014（9）：179 – 182.

［79］Acs Z J，Audretsch D B. Innovation，Market Structure，and Firm Size［J］. The Review of Economics and Statistics，1987：567 – 574.

［80］Adler P S，Kwon S W. Social Capital：Prospects for a New Concept［J］.

Academy of Management Review, 2002, 27 (1): 17 – 40.

[81] Afuah A. Innovation Management: Strategies, Implementation and Profits [M]. Oxford University Press, 2003.

[82] Ahuja G. Collaboration Networks, Structural Holes, and Innovation: A Longitudinal Study [J]. Administrative Science Quarterly, 2000, 45 (3): 425 – 455.

[83] Akcomak S, Ter Weel B. Social Capital, Innovation and Growth: Evidence from Europe [J]. European Economic Review, 2009, 53 (5): 544 – 567.

[84] Aldrich H E, Fiol C M. Fools Rush in? The Institutional Context of Industry Creation [J]. Academy of Management Review, 1994, 19 (4): 645 – 670.

[85] Archibugi D, Pianta M. Innovation Surveys and Patents as Technology Indicators: The State of the Art [J]. Innovation, Patents and Technological Strategies, 1996: 17 – 56.

[86] Arundel A. Why Innovation Measurement Matters [J]. Innovation Measurement and Policies, 1997: 94 – 197.

[87] Barney J. Firm Resources and Sustained Competitive Advantage [J]. Journal of Management, 1991, 17 (1): 99 – 120.

[88] Barney J B. Strategic Factor Markets: Expectations, Luck, and Business Strategy [J]. Management Science, 1986, 32 (10): 1231 – 1241.

[89] Barney J B. Bringing Managers Back in: A Resource – based Analysis of the Role of Managers in Creating and Sustaining Competitive Advantages for Firms, Does Management Matter? On Competencies and Competitive Advantage [R]. Lund, Sweden: Institute of Economic Research, 1994: 1 – 36.

[90] Barney J B. Resource – based Theories of Competitive Advantage: A Ten – Year Retrospective on the Resource – based View [J]. Journal of Management, 2001, 27 (6): 643 – 650.

[91] Barney J B, Zajac E J. Competitive Organizational Behavior: Toward an Organizationally – based Theory of Competitive Advantage [J]. Strategic Management Journal, 1994, 15 (S1): 5 – 9.

[92] Baron J N, Jennings P D, Dobbin F R. Mission Control? The Development of Personnel Systems in US Industry [J]. American Sociological Review, 1988: 497 – 514.

[93] Beckert J. The Great Transformation of Embeddedness: Karl Polanyi and the

New Economic Sociology [J] . MPIFG Discussion Paper, 2007.

[94] Berends H, Vanhaverbeke W, Kirschbaum R. Knowledge Management Challenges in New Business Development: Case Study Observations [J] . Journal of Engineering and Technology Management, 2007, 24 (4): 314 – 328.

[95] Berger P L, Berger B, Kellner H. The Homeless Mind: Modernization and Consciousness [M] . Random House, 1973.

[96] Bian Y. Bringing Strong Ties Back in: Indirect Ties, Network Bridges, and Job Searches in China [J] . American Sociological Review, 1997: 366 – 385.

[97] Bitektine A. Toward a Theory of Social Judgments of Organizations: The Case of Legitimacy, Reputation, and Status [J] . Academy of Management Review, 2011, 36 (1): 151 – 179.

[98] Boisot M H. Knowledge Assets: Securing Competitive Advantage in the Information Economy [M] . OUP Oxford, 1998.

[99] Bound J, Cummins C, Griliches Z, et al. Who Does R&D and Who Patents? [J] . R&D, Patents, and Productivity, 1984: 21 – 54.

[100] Bourdieu P. Le Capital Social [J] . Actes de la Recherche En Sciences Sociales, 1980, 31 (34): 2 – 3.

[101] Bourdieu P. The Forms of Capital [J] . Cultural Theory: An Anthology, 2011: 81 – 93.

[102] Bower J L, Christensen C M. Disruptive Technologies: Catching the Wave [M] . Harvard Business Review Video, 1995.

[103] Boxman E A W, De Graaf P M, Flap H D. The Impact of Social and Human Capital on the Income Attainment of Dutch Managers [J] . Social Networks, 1991, 13 (1): 51 – 73.

[104] Braudel F. Civilization and Capitalism, 15th – 18th Century: The Wheels of Commerce [M] . University of California Press, 1982.

[105] Brinton M C, Kariya T. Japanese Labor Markets [J] . The New Institutionalism in Sociology, 1998: 181.

[106] Brown L A. Innovation Diffusion: A New Perspective [J] . Economic Geography, 1981 (58) .

[107] Brown T F. Theoretical Summary of Social Capital [R] . Working Paper, University of Wisconsin, 1999.

［108］ Bruland K, Mowery D. Innovation through Time ［C］∥J Fagerberg, J D Mowery, R Nelson （Eds.）. The Oxford Handbook of Innovation. Oxford: Oxford University Press, 2004.

［109］ Burt R S. Structural Holes: The Social Structure of Competition ［J］. University of Illinois at Urbana – Champaign's Academy for Entrepreneurial Leadership Historical Research Reference in Entrepreneurship, 1992.

［110］ Burt R S. The Network Structure of Social Capital ［J］. Research in Organizational Behavior, 2000, 22: 345 – 423.

［111］ Bush V. Science: The Endless Frontier ［J］. Transactions of the Kansas Academy of Science, 1945, 48 （3）: 231 – 264.

［112］ Campbell K E, Lee B A. Name Generators in Surveys of Personal Networks ［J］. Social Networks, 1991, 13 （3）: 203 – 221.

［113］ Campbell K E, Marsden P V, Hurlbert J S. Social Resources and Socioeconomic Status ［J］. Social Networks, 1986, 8 （1）: 97 – 117.

［114］ Carroll G R, Hannan M T. Density Delay in the Evolution of Organizational Populations: A Model and Five Empirical Tests ［J］. Administrative Science Quarterly, 1989: 411 – 430.

［115］ Casile M, Davis – Blake A. When Accreditation Standards Change: Factors Affecting Differential Responsiveness of Public and Private Organizations ［J］. Academy of Management Journal, 2002, 45 （1）: 180 – 195.

［116］ Cerulli G, Potì B. Evaluating the Robustness of the Effect of Public Subsidies on Firms' R&D: An Application to Italy ［J］. Journal of Applied Economics, 2012, 15 （2）: 287 – 320.

［117］ Chan C S. Invigorating the Content in Social Embeddedness: An Ethnography of Life Insurance Transactions in China ［J］. American Journal of Sociology, 2009, 115 （3）: 712 – 754.

［118］ Chesbrough H W. Open Innovation: The New Imperative for Creating and Profiting from Technology ［M］. Harvard Business Press, 2006.

［119］ Clark T N. Urban Amenities: Lakes, Opera, and Juice Bars: Do They Drive Development? ［J］. Research in Urban Policy, 2004 （9）: 103 – 140.

［120］ Clarke J, Gibson – Sweet M. The Use of Corporate Social Disclosures in the Management of Reputation and Legitimacy: A Cross Sectoral Analysis of UK Top

100 Companies [J]. Business Ethics: A European Review, 1999, 8 (1): 5 – 13.

[121] Cohen S S, Zysman J. Why Manufacturing Matters: The Myth of the Post – industrial Economy [J]. California Management Review, 1987, 29 (3): 9 – 26.

[122] Cohen W M, Levin R C, Mowery D C. Firm Size and R&D Intensity: A Re – examination [R]. NBER, 1987.

[123] Coleman J S. Social Capital in the Creation of Human Capital [J]. American Journal of Sociology, 1988: S95 – S120.

[124] Coleman J S. Foundations of Social Theory [M]. Harvard University Press, 1994.

[125] Cole R E. Strategies for Learning: Small – Group Activities in American, Japanese, and Swedish Industry [M]. University of California Press, 1991.

[126] Comanor W S. Market Structure, Product Differentiation, and Industrial Research [J]. The Quarterly Journal of Economics, 1967: 639 – 657.

[127] Cooke P N, Heidenreich M, Braczyk H J. Regional Innovation Systems: The Role of Governance in a Globalized World [M]. Psychology Press, 2004.

[128] Cowan R, David P A, Foray D. The Explicit Economics of Knowledge Co-dification and Tacitness [J]. Industrial and Corporate Change, 2000, 9 (2): 211 – 253.

[129] Crane D, Kaplan N. Invisible Colleges: Diffusion of Knowledge in Scientific Communities [J]. Physics Today, 2008, 21 (26): 221 – 222.

[130] Czarnitzki D, Hottenrott H, Thorwarth S. Industrial Research Versus Development Investment: The Implications of Financial Constraints [J]. Cambridge Journal of Economics, 2011, 35 (3): 527 – 544.

[131] Dale G. Lineages of Embeddedness: On the Antecedents and Successors of a Polanyian Concept [J]. American Journal of Economics and Sociology, 2011, 70 (2): 306 – 339.

[132] Decarolis D M, Deeds D L. The Impact of Stocks and Flows of Organizational Knowledge on Firm Performance: An Empirical Investigation of the Biotechnology Industry [J]. Strategic Management Journal, 1999: 953 – 968.

[133] Deeds D L, Mang P Y, Frandsen M L. The Influence of Firms' and Industries' Legitimacy on the Flow of Capital into High – technology Ventures [J]. Strategic Organization, 2004, 2 (1): 9 – 34.

[134] Deephouse D L. Does Isomorphism Legitimate? [J]. Academy of Management Journal, 1996, 39 (4): 1024 – 1039.

[135] Deephouse D L, Suchman M. Legitimacy in Organizational Institutionalism [J]. The Sage Handbook of Organizational Institutionalism, 2008 (49): 77.

[136] De Gregori T R. Resources Are Not; They Become: An Institutional Theory [J]. Journal of Economic Issues, 1987, 21 (3): 1241 – 1263.

[137] Demsetz H. The Theory of the Firm Revisited [J]. Journal of Law, Economics, & Organization, 1988, 4 (1): 141 – 161.

[138] Dequech D. Cognitive and Cultural Embeddedness: Combining Institutional Economics and Economic Sociology [J]. Journal of Economic Issues, 2003, 37 (2): 461 – 470.

[139] Dimaggio P J. Interest and Agency in Institutional Theory [C] //Institutional Patterns and Organizations: Culture and Environment, Balinger, Cambridge, 1988: 3 – 22.

[140] Dimaggio P J, Powell W W. The Iron Cage Revisited: Collective Rationality and Institutional Isomorphism in Organizational Fields [J]. American Sociological Review, 1983, 48 (2): 147 – 160.

[141] Dobbin F, Edelman L B, Meyer J W, et al. The Expansion of Due Process in Organizations [J]. Institutional Patterns and Organizations: Culture and Environment, 1988.

[142] Dodgson M. Technological Collaboration in Industry: Strategy, Policy, and Internationalization in Innovation [M]. Routledge, 1993.

[143] Dosi G, Freeman C, Nelson R, Silverberg G, Soete L. Technical Change and Economic Theory [M]. London: Pinter, 1988.

[144] Dosi G. Technological Paradigms and Technological Trajectories: A Suggested Interpretation of the Determinants and Directions of Technical Change [J]. Research Policy, 1982, 11 (3): 147 – 162.

[145] Douglas M. Essays on the Sociology of Perception [M]. Routledge, 2013.

[146] Dowling J, Pfeffer J. Organizational Legitimacy: Social Values and Organizational Behavior [J]. Pacific Sociological Review, 1975, 18 (1): 122 – 136.

[147] Edelman L B. Legal Ambiguity and Symbolic Structures: Organizational Mediation of Civil Rights Law [J]. American Journal of Sociology, 1992: 1531 – 1576.

［148］Edelman L B, Suchman M C. The Legal Environments of Organizations ［J］. Annual Review of Sociology, 1997: 479 - 515.

［149］Ellul J. The Technological System ［M］. New York: Continuum, 1980.

［150］Enos J L. Invention and Innovation in the Petroleum Refining Industry ［J］. NBER Chapters, 1962, 27 (8): 786 - 790.

［151］Etzkowitz H, Leydesdorff L. The Triple Helix - University - Industry - Government Relations: A Laboratory for Knowledge Based Economic Development ［J］. Glycoconjugate Journal, 1995, 14 (1): 14 - 19.

［152］Fligstein N. The Spread of the Multidivisional Form among Large Firms, 1919 - 1979 ［J］. Advances in Strategic Management, 1985 (17): 55 - 78.

［153］Fligstein N. The Transformation of Corporate Control ［M］. Harvard University Press, 1993.

［154］Foss K, Foss N J. Resources and Transaction Costs: How Property Rights Economics Furthers the Resource - based View ［J］. Strategic Management Journal, 2005, 26 (6): 541 - 553.

［155］Fountain J E, Atkinson R D. Innovation, Social Capital, and the New Economy: New Federal Policies to Support Collaborative Research ［R］. Washington, DC: Progressive Policy Institute, 1998.

［156］Freeman C. The Economics of Industrial Innovation ［J］. University of Illinois at Urbana - Champaign's Academy for Entrepreneurial Leadership Historical Research Reference in Entrepreneurship, 1982.

［157］Freeman C, Soete L. The Economics of Industrial Innovation ［M］. Psychology Press, 1997.

［158］Friedland R, Alford R R. Bringing Society Back in: Symbols, Practices, and Institutional Contradictions ［R］. Chicago University of Chicago, 1991.

［159］Gabby S M, Leenders T A J. Corporate Social Capital and Liability ［M］. Boston: Kluwer Academic Publishers, 1999.

［160］Gemici K. Karl Polanyi and the Antinomies of Embeddedness ［J］. Socio - Economic Review, 2008, 6 (1): 5 - 33.

［161］Geroski P. Market Structure, Corporate Performance, and Innovative Activity ［M］. Oxford University Press, 1994.

［162］Ghezzi S, Mingione E. Embeddedness, Path Dependency and Social Institutions: An Economic Sociology Approach ［J］. Current Sociology, 2007, 55 (1): 11 – 23.

［163］ Giddens A. Risk Society: The Context of British Politics ［J］. The Politics of Risk Society, 1998: 23 – 34.

［164］ Grabher G. The Embedded Firm ［M］. London: Routledge, 1993.

［165］ Granovetter M S. The Strength of Weak Ties ［J］. American Journal of Sociology, 1973: 1360 – 1380.

［166］ Granovetter M. Economic Action and Social Structure: The Problem of Embeddedness ［J］. American Journal of Sociology, 1985: 481 – 510.

［167］ Granovetter M. The Impact of Social Structure on Economic Outcomes ［J］. The Journal of Economic Perspectives, 2005, 19 (1): 33 – 50.

［168］ Granstrand O. Innovation and Intellectual Property ［R］. Druid Summer Conference, 2003.

［169］ Grant R M. The Resource – based Theory of Competitive Advantage ［J］. California Management Review, 1991, 33 (3): 3 – 23.

［170］ Grant R M. Toward a Knowledge – based Theory of the Firm ［J］. Strategic Management Journal, 1996, 17 (S2): 109 – 122.

［171］ Greening D W, Gray B. Testing a Model of Organizational Response to Social and Political Issues ［J］. Academy of Management Journal, 1994, 37 (3): 467 – 498.

［172］ Greve A, Salaff J W. The Development of Corporate Social Capital in Complex Innovation Processes ［C］. Gabbay, S. Y Leenders, R. Social Capital of Organizations. Kidlington: Elsevier, 2001.

［173］ Grupp H. The Measurement of Technical Performance of Innovations by Technometrics and Its Impact on Established Technology Indicators ［J］. Research Policy, 1994, 23 (2): 175 – 193.

［174］ Guellec D, Pattinson B. Innovation Surveys: Lessons from OECD Countries' Experience ［J］. Sti – Science Technology Industry Review, 2000 (27): 77 – 102.

［175］ Gulati R. Does Familiarity Breed Trust? The Implications of Repeated Ties for Contractual Choice in Alliances ［J］. Academy of Management Journal, 1995, 38 (1): 85 – 112.

[176] Hambrick D C, Mason P A. Upper Echelons: The Organization as a Reflection of Its Top Managers [J]. Academy of Management Review, 1984, 9 (2): 193 – 206.

[177] Hannan M T, Freeman J. Organizational Ecology [M]. Harvard University Press, 1993.

[178] Hannan M T, Freeman J. The Population Ecology of Organizations [J]. American Journal of Sociology, 1977: 929 – 964.

[179] Hansen E L. Entrepreneurial Networks and New Organization Growth [J]. Entrepreneurship: Theory and Practice, 1995, 19 (4): 7 – 20.

[180] Hansen J A. Technology Innovation Indicators [C] //Innovation Policy in the Knowledge – based Economy. Springer US, 2001: 73 – 103.

[181] Hargadon A B, Douglas Y. When Innovations Meet Institutions: Edison and the Design of the Electric Light [J]. Administrative Science Quarterly, 2001, 46 (3): 476 – 501.

[182] Henderson R M, Clark K B. Architectural Innovation: The Reconfiguration of Existing Product Technologies and the Failure of Established Firms [J]. Administrative Science Quarterly, 1990: 9 – 30.

[183] Hertzler J O. American Social Institutions: A Sociological Analysis [M]. Allyn and Bacon, 1961.

[184] Hicks J. Theory of Wages [M]. Springer, 1963.

[185] Hitt M A, Tyler B B. Strategic Decision Models: Integrating Different Perspectives [J]. Strategic Management Journal, 1991, 12 (5): 327 – 351.

[186] Hoffman A J. From Heresy to Dogma: An Institutional History of Corporate Environmentalism [M]. Stanford University Press, 2001.

[187] Hsung R M, Hwang Y J. Job Mobility in Taiwan: Job Search Methods and Contacts Status [C] //Xii Int. Sunbelt Soc. Network Conf. San Diego, February, 1992.

[188] James A. Everyday Effects, Practices and Causal Mechanisms of "Cultural Embeddedness": Learning from Utah's High Tech Regional Economy [J]. Geoforum, 2007, 38 (2): 393 – 413.

[189] Jefferson G H, Huamao B, Xiaojing G, et al. R&D Performance in Chinese Industry [J]. Economics of Innovation and New Technology, 2006, 15 (4 –

5)：345 – 366.

［190］Jepperson R L. Institutions, Institutional Effects, and Institutionalism ［J］. The New Institutionalism in Organizational Analysis, 1991（6）：143 – 163.

［191］Jepperson R L, Swidler A. What Properties of Culture Should We Measure? ［J］. Poetics, 1994, 22（4）：359 – 371.

［192］Johnson M W, Christensen C M, Kagermann H. Reinventing Your Business Model ［J］. Harvard Business Review, 2008, 86（12）：57 – 68.

［193］Jost P J, Van Der Velden C. Mergers in Patent Contest Models with Synergies and Spillovers ［J］. Available at SSRN 896770, 2006.

［194］Judge W Q, Zeithaml C P. Institutional and Strategic Choice Perspectives on Board Involvement in the Strategic Decision Process ［J］. Academy of Management Journal, 1992, 35（4）：766 – 794.

［195］Kalleberg A L, Van Buren M E. Is Bigger Better? Explaining the Relationship between Organization Size and Job Rewards ［J］. American Sociological Review, 1996：47 – 66.

［196］Kamien M I, Schwartz N L. Market Structure and Innovation：A Survey ［J］. Journal of Economic Literature, 1975, 13（13）：1 – 37.

［197］Kamien M I, Schwartz N L. Self – Financing of an R and D Project ［J］. The American Economic Review, 1978, 68（3）：252 – 261.

［198］Kleinknecht A, Van Montfort K, Brouwer E. The Non – Trivial Choice between Innovation Indicators ［J］. Economics of Innovation and New Technology, 2002, 11（2）：109 – 121.

［199］Kleinknecht A, Verspagen B. Demand and Innovation：Schmookler Re – examined ［J］. Research Policy, 1990, 19（4）：387 – 394.

［200］Kline S J. Innovation is Not a Linear Process ［J］. Research Management, 1985, 28（4）：36 – 45.

［201］Koka B R, Prescott J E. Strategic Alliances as Social Capital：A Multidimensional View ［J］. Strategic Management Journal, 2002, 23（9）：795 – 816.

［202］Kraatz M S. Learning by Association? Interorganizational Networks and Adaptation to Environmental Change ［J］. Academy of Management Journal, 1998, 41（6）：621 – 643.

［203］Krippner G, Granovetter M, Block F, et al. Polanyi Symposium：A Conversation on Embeddedness [J] . Socio – Economic Review, 2004, 2 (1): 109 – 135.

[204] Kshetri N. Institutional Factors Affecting Offshore Business Process and Information Technology Outsourcing [J] . Journal of International Management, 2007, 13 (1): 38 – 56.

[205] Kukuk M, Manfred S. Market Structure and Innovation Race an Empirical Assessment Using Indirect Inference [R] . Working Paper, 2005.

[206] Kumar N, Saqib M. Firm Size, Opportunities for Adaptation and In – House R&D Activity in Developing Countries: The Case of Indian Manufacturing [J]. Research Policy, 1996, 25 (5): 713 – 722.

[207] Lall S. Technological Capabilities and Industrialization [J] . World Development, 1992, 20 (2): 165 – 186.

[208] Landry R, Amara N, Lamari M. Does Social Capital Determine Innovation? To What Extent? [J] . Technological Forecasting & Social Change, 2002, 69 (7): 681 – 701.

[209] Lane P J, Lubatkin M. Relative Absorptive Capacity and Interorganizational Learning [J] . Strategic Management Journal, 1998, 19 (5): 461 – 477.

[210] Leana C R, Van Buren H J. Organizational Social Capital and Employment Practices [J] . Academy of Management Review, 1999, 24 (3): 538 – 555.

[211] Lee C Y. Industry R&D Intensity Distributions: Regularities and Underlying Determinants [J] . Journal of Evolutionary Economics, 2002, 12 (3): 307 – 341.

[212] Lichtenberg F R, Siegel D. The Impact of R&D Investment on Productivity – New Evidence Using Linked R&D – Lrd Data [J] . Economic Inquiry, 1991, 29 (2): 203 – 229.

[213] Lin N. Building a Network Theory of Social Capital [J] . Connections, 1999, 22 (1): 28 – 51.

[214] Lin N. Social Capital: A Theory of Social Structure and Action [M] . Cambridge University Press, 2002.

[215] Lin N, Cook K S, Burt R S. Social Capital: Theory and Research [M] . Transaction Publishers, 2001.

[216] Lin N, Dumin M. Access to Occupations Through Social Ties [J] . Social Networks, 1986, 8 (4): 365 – 385.

[217] Lundvall B A. National Systems of Innovation: Toward a Theory of Innova-

tion and Interactive Learning ［M］. Anthem Press，2010.

［218］Luo Y，Park S H. Strategic Alignment and Performance of Market – seeking MNCs in China ［J］. Strategic Management Journal，2001，22（2）：141 – 155.

［219］Madhok A. Reassessing the Fundamentals and Beyond：Ronald Coase，the Transaction Cost and Resource – based Theories of the Firm and the Institutional Structure of Production ［J］. Strategic Management Journal，2002，23（6）：535 – 550.

［220］Mahoney J T，Pandian J R. The Resource – based View within the Conversation of Strategic Management ［J］. Strategic Management Journal，1992，13（5）：363 – 380.

［221］March J G. Decisions in Organizations and Theories of Choice ［J］. Perspectives on Organization Design and Behavior，1981，205：44.

［222］Maskell P. Social Capital，Innovation，and Competitiveness ［C］∥Social Capital. Oxford University Press，2000.

［223］Meyer J W，Rowan B. Institutionalized Organizations：Formal Structure as Myth and Ceremony ［J］. American Journal of Sociology，1977：340 – 363.

［224］Meyer J W，Scott W R. Centralization and the Legitimacy Problems of Local Government ［J］. Organizational Environments：Ritual and Rationality，1983：199 – 215.

［225］Meyer J W，Scott W R. The Organization of Societal Sectors：Propositions and Early Evidence ［J］. The New Institutionalism in Organizational Analysis，1991：108 – 140.

［226］Meyer J W，Scott W R，Deal T E. Institutional and Technical Sources of Organizational Structure Explaining the Structure of Educational Organizations ［J］. Eric，1980：38.

［227］Meyer M H，Utterback J M. The Product Family and the Dynamics of Core Capability ［J］. Sloan Management Review，1993，34（3）：29.

［228］Mezias S J. An Institutional Model of Organizational Practice：Financial Reporting at the Fortune 200 ［J］. Administrative Science Quarterly，1990：431 – 457.

［229］Mohnen P，Kleinknecht A. Innovation and Firm Performance ［J］. Econometric Explorations of Survey Data，2002.

［230］Moran P. Structural Vs. Relational Embeddedness：Social Capital and

Managerial Performance ［J］. Strategic Management Journal, 2005, 26 (12): 1129 – 1151.

［231］ Mowery D, Rosenberg N. The Influence of Market Demand upon Innovation: A Critical Review of Some Recent Empirical Studies ［J］. Research Policy, 1979, 8 (2): 102 – 153.

［232］ Mueser R. Identifying Technical Innovations ［J］. LEEE Transactions on Engineering Management, 1985 (4): 158 – 176.

［233］ Myers S, Marquis D G. Successful Industrial Innovations. A Study of Factors Underlying Innovation in Selected Firms ［J］. National Science Foundation, 1969.

［234］ Nahapiet J, Ghoshal S. Social Capital, Intellectual Capital, and the Organizational Advantage ［J］. Academy of Management Review, 1998, 23 (2): 242 – 266.

［235］ Nee V, Ingram P. Embeddedness and Beyond: Institutions, Exchange, and Social Structure ［J］. The New Institutionalism in Sociology, 1998: 19.

［236］ Nelson R R. The Simple Economics of Basic Scientific Research ［J］. Journal of Political Economy, 1959, 67 (3): 297 – 306.

［237］ Nelson R R. The Economics of Invention: A Survey of the Literature ［J］. The Journal of Business, 1959, 32 (2): 101 – 127.

［238］ Nelson R R. Understanding Technical Change as an Evolutionary Process ［M］. Amsterdam: North – Holland, 1987.

［239］ Nelson R R, Winter S G. An Evolutionary Theory of Economic Change ［M］. Harvard University Press, 2009.

［240］ Nonaka I. The Knowledge – creating Company ［M］. Harvard Business Review Press, 2008.

［241］ North D C. Institutions, Institutional Change and Economic Performance ［M］. Cambridge University Press, 1990.

［242］ North D C. Institutions and Credible Commitment ［J］. Journal of Institutional and Theoretical Economics (Jite) /Zeitschrift Für Die Gesamte Staatswissenschaft, 1993: 11 – 23.

［243］ Ogburn, Fielding W. Social Change and the New Deal ［M］. University of Chicago Press, 1934.

［244］ O' Hagan S B, Green M B. Corporate Knowledge Transfer Via Interlocking Directorates: A Network Analysis Approach [J]. Geoforum, 2004, 35 (1): 127 – 139.

[245] Oliver C. Strategic Responses to Institutional Processes [J]. Academy of Management Review, 1991, 16 (1): 145 – 179.

[246] Oliver C. Sustainable Competitive Advantage: Combining Institutional and Resource – based Views [J]. Strategic Management Journal, 1997, 18 (9): 697 – 713.

[247] Organisation for Economic Cooperation and Development. The Measurement of Scientific and Technological Activities: Proposed Guidelines for Collecting and Interpreting Technological Innovation Data: Oslo Manual [M]. OECD, 1997.

[248] Palmer D A, Jennings P D, Zhou X. Late Adoption of the Multidivisional Form by Large US Corporations: Institutional, Political, and Economic Accounts [J]. Administrative Science Quarterly, 1993: 100 – 131.

[249] Parsons T. Essays in Sociological Theory [C] //Essays in Sociological Theory. Free Press, 1954.

[250] Parsons T. Suggestions for a Sociological Approach to the Theory of Organizations – I [J]. Administrative Science Quarterly, 1956: 63 – 85.

[251] Pavitt K, Robson M, Townsend J. The Size Distribution of Innovating Firms in the UK: 1945 – 1983 [J]. The Journal of Industrial Economics, 1987: 297 – 316.

[252] Pavitt K, Steinmueller W E. Technology in Corporate Strategy: Change, Continuity, and the Information Revolution [C] //Pettigrew A, Thomas H, Whittington R. Handbook of Strategy & Management. London: Sage Publications, 2001: 344 – 372.

[253] Pfeffer J, Cohen Y. Determinants of Internal Labor Markets in Organizations [J]. Administrative Science Quarterly, 1984: 550 – 572.

[254] Piore M J, Sabel C F. The Second Industrial Divide: Possibilities for Prosperity [M]. Basic Books, 1984.

[255] Polanyi K. The Economy as Instituted Process [J]. Trade and Market in the Early Empires, 1957: 243.

[256] Polanyi K. The Great Transformation: The Political and Economic Origin of Our Time [M]. Beacon Press, 1957.

[257] Popadiuk S, Choo C W. Innovation and Knowledge Creation: How Are These Concepts Related? [J]. International Journal of Information Management, 2006, 26 (4): 302 – 312.

［258］Portes A, Sensenbrenner J. Embeddedness and Immigration: Notes on the Social Determinants of Economic Action ［J］. American Journal of Sociology, 1993: 1320 – 1350.

［259］Powell W W. Expanding the Scope of Institutional Analysis ［J］. The New Institutionalism in Organizational Analysis, 1991 (183): 203.

［260］Powell W W. Inter – Organizational Collaboration in the Biotechnology Industry ［J］. Journal of Institutional & Theoretical Economics, 1996, 152 (1): 197 – 215.

［261］Powell W W, Dimaggio P J. The New Institutionalism in Organizational Analysis ［M］. University of Chicago Press, 2012.

［262］Prahalad C K, Hamel G. The Core Competence of the Corporation ［J］. Harvard Business Review, 1993, 68 (3): 275 – 292.

［263］Putnam R D. The Prosperous Community ［J］. The American Prospect, 1993, 4 (13): 35 – 42.

［264］Putnam R D. Bowling Alone: The Collapse and Revival of American Community ［M］. Simon and Schuster, 2001.

［265］Putnam R D, Leonardi R, Nanetti R Y. Making Democracy Work: Civic Traditions in Modern Italy ［M］. Princeton University Press, 1994.

［266］Rao H. The Social Construction of Reputation: Certification Contests, Legitimation, and the Survival of Organizations in the American Automobile Industry: 1895 – 1912 ［J］. Strategic Management Journal, 1994, 15 (S1): 29 – 44.

［267］Reagans R, Mcevily B. Network Structure and Knowledge Transfer: The Effects of Cohesion and Range ［J］. Administrative Science Quarterly, 2003, 48 (2): 240 – 267.

［268］Roberts E E D. Management of Research, Development and Technology Based Innovation ［M］. Cambridge: MIT Press, 1999.

［269］Rosenberg N. Perspectives on Technology ［M］. Cup Archive, 1976.

［270］Rosenberg N. Inside the Black Box: Technology and Economics ［M］. Cambridge University Press, 1982.

［271］Rothwell R. Towards the Fifth – Generation Innovation Process ［J］. International Marketing Review, 1994, 11 (1): 7 – 31.

［272］Ruef M. Strong Ties, Weak Ties and Islands: Structural and Cultural Predictors of Organizational Innovation ［J］. Industrial and Corporate Change, 2002, 11

（3）：427 – 449.

[273] Ruef M, Scott W R. A Multidimensional Model of Organizational Legitimacy: Hospital Survival in Changing Institutional Environments [J]. Administrative Science Quarterly, 1998: 877 – 904.

[274] Saviotti P. Considerations about a Production System with Qualitative Change [J]. Frontiers of Evolutionary Economics. Competition, Self – organization and Innovation Policy, 2001: 197 – 227.

[275] Saxenian A L. Regional Advantage: Culture and Competition in Silicon Valley and Route 128 [J]. Contemporary Sociology, 1995, 32 (1): 100 – 101.

[276] Scherer F M. Firm Size, Market Structure, Opportunity, and the Output of Patented Inventions [J]. The American Economic Review, 1965, 55 (5): 1097 – 1125.

[277] Scherer F M. Demand – Pull and Technological Invention: Schmookler Revisted [J]. The Journal of Industrial Economics, 1982: 225 – 237.

[278] Scherer F M. Innovation and Growth: Schumpeterian Perspectives [J]. MIT Press Books, 1986: 1.

[279] Schmickl C, Kieser A. How Much Do Specialists Have to Learn from Each Other When They Jointly Develop Radical Product Innovations? [J]. Research Policy, 2008, 37 (3): 473 – 491.

[280] Schmookler J. Invention and Economic Growth [C] //Invention and Economic Growth. Harvard University Press, 1966.

[281] Schumpeter J A. The Theory of Economic Development: An Inquiry into Profits, Capital, Credit, Interest, and the Business Cycle [M]. Transaction Publishers, 1934.

[282] Schumpeter J A. Capitalism, Socialism and Democracy [M]. Routledge, 2013.

[283] Scott W R. The Adolescence of Institutional Theory [J]. Administrative Science Quarterly, 1987: 493 – 511.

[284] Scott W R. Unpacking Institutional Arguments [J]. The New Institutionalism in Organizational Analysis, 1991 (164): 182.

[285] Sewell Jr W H. A Theory of Structure: Duality, Agency, and Transformation [J]. American Journal of Sociology, 1992: 1 – 29.

[286] Shefer D, Frenkel A. R&D, Firm Size and Innovation: An Empirical

Analysis [J] . Technovation, 2005, 25 (1): 25 – 32.

[287] Simonin B L. Ambiguity and the Process of Knowledge Transfer in Strategic Alliances [J] . Strategic Management Journal, 1999, 20 (7): 595 – 623.

[288] Sivakumar K. Manifestations and Measurement of Asymmetric Brand Competition [J] . Journal of Business Research, 2004, 57 (8): 813 – 820.

[289] Smith K. Measuring Innovation in European Industry [J] . International Journal of the Economics of Business, 1998, 5 (3): 311 – 333.

[290] Soete L L G. Firm Size and Inventive Activity: The Evidence Reconsidered [J] . European Economic Review, 1979, 12 (4): 319 – 340.

[291] Solo C S. Innovation in the Capitalist Process: A Critique of the Schumpeterian Theory [J] . The Quarterly Journal of Economics, 1951: 417 – 428.

[292] Sprengers M, Tazelaar F, Flap H D. Social Resources, Situational Constraints, and Re – Employment [J] . Netherlands Journal of Sociology, 1988, 24 (2): 98 – 116.

[293] Stinchcombe A L, March J G. Social Structure and Organizations [J] . Advances in Strategic Management, 1965 (17): 229 – 259.

[294] Stock G N, Greis N P, Fischer W A. Firm Size and Dynamic Technological Innovation [J] . Technovation, 2002, 22 (9): 537 – 549.

[295] Stoneman P L, David P A. Adoption Subsidies vs Information Provision as Instruments of Technology Policy [J] . Economic Journal, 1986, 96 (96): 142 – 150.

[296] Strang D, David R J, Akhlaghpour S. Coevolution in Management Fashion: An Agent – based Model of Consultant – Driven Innovationl [J] . American Journal of Sociology, 2014, 120 (1): 226 – 264.

[297] Suchman M C. Managing Legitimacy: Strategic and Institutional Approaches [J] . Academy of Management Review, 1995, 20 (3): 571 – 610.

[298] Swidler A. Culture in Action: Symbols and Strategies [J] . American Sociological Review, 1986: 273 – 286.

[299] Thelen K. Historical Institutionalism in Comparative Politics [J] . Annual Review of Political Science, 1999, 2 (1): 369 – 404.

[300] Tolbert P S, Zucker L G. Institutional Sources of Change in the Formal Structure of Organizations: The Diffusion of Civil Service Reform, 1880 – 1935 [J] . Administrative Science Quarterly, 1983: 22 – 39.

［301］Tsai W, Ghoshal S. Social Capital and Value Creation: The Role of Intrafirm Networks ［J］. Academy of Management Journal, 1998, 41 (4): 464 – 476.

［302］Utterback J M. Innovation in Industry and the Diffusion of Technology ［J］. Science, 1974, 183 (4125): 620 – 626.

［303］Uzzi B. The Sources and Consequences of Embeddedness for the Economic Performance of Organizations: The Network Effect ［J］. American Sociological Review, 1996: 674 – 698.

［304］Uzzi B. Social Structure and Competition in Interfirm Networks: The Paradox of Embeddedness ［J］. Administrative Science Quarterly, 1997: 35 – 67.

［305］Uzzi B. Embeddedness in the Making of Financial Capital: How Social Relations and Networks Benefit Firms Seeking Financing ［J］. American Sociological Review, 1999: 481 – 505.

［306］Uzzi B, Lancaster R. Embeddedness and Price Formation in the Corporate Law Market ［J］. American Sociological Review, 2004, 69 (3): 319 – 344.

［307］Varman R, Costa J A. Competitive and Cooperative Behavior in Embedded Markets: Developing an Institutional Perspective on Bazaars ［J］. Journal of Retailing, 2009, 85 (4): 453 – 467.

［308］VöLker B, Flap H. Getting Ahead in the GDR Social Capital and Status Attainment under Communism ［J］. Acta Sociologica, 1999, 42 (1): 17 – 34.

［309］Von Hippel E. Economics of Product Development by Users: The Impact of "Sticky" Local Information ［J］. Management Science, 1998, 44 (5): 629 – 644.

［310］Vossen R W. R&D, Firm Size and Branch of Industry: Policy Implications ［M］. University of Groningen, 1998.

［311］Wally S, Baum J R. Personal and Structural Determinants of the Pace of Strategic Decision Making ［J］. Academy of Management Journal, 1994, 37 (4): 932 – 956.

［312］Weber M. Economy and Society: An Outline of Interpretive Sociology ［M］. University of California Press, 1978.

［313］Wernerfelt B. A Resource – based View of the Firm ［J］. Strategic Management Journal, 1984, 5 (2): 171 – 180.

［314］Wernerfelt B. From Critical Resources to Corporate Strategy ［J］. Journal of General Management, 1989, 14 (3): 4 – 12.

［315］Westphal J D, Gulati R, Shortell S M. Customization or Conformity? An Institutional and Network Perspective on the Content and Consequences of TQM Adoption ［J］. Administrative Science Quarterly, 1997: 366 – 394.

［316］Westphal J D, Zajac E J. Substance and Symbolism in Ceos' Long – term Incentive Plans ［J］. Administrative Science Quarterly, 1994, 39 (3): 367 – 390.

［317］White H C. Where Do Markets Come from ［J］. Advances in Strategic Management, 1981, 17 (2): 323 – 350.

［318］Worley J S. Industrial Research and the New Competition ［J］. The Journal of Political Economy, 1961: 183 – 186.

［319］Yakubovich V. Weak Ties, Information, and Influence: How Workers Find Jobs in a Local Russian Labor Market ［J］. American Sociological Review, 2005, 70 (3): 408 – 421.

［320］Yli – Renko H, Autio E, Tontti V. Social Capital, Knowledge, and the International Growth of Technology – based New Firms ［J］. International Business Review, 2002, 11 (3): 279 – 304.

［321］Zelizer V A. Beyond the Polemics on the Market: Establishing a Theoretical and Empirical Agenda ［C］//Sociological Forum. Springer Netherlands, 1988, 3 (4): 614 – 634.

［322］Zhao Y. Measuring the Social Capital of Laid – off Chinese Workers ［J］. Current Sociology, 2002, 50 (4): 555 – 571.

［323］Zimmerman M A, Zeitz G J. Beyond Survival: Achieving New Venture Growth by Building Legitimacy ［J］. Academy of Management Review, 2002, 27 (3): 414 – 431.

［324］Zucker L G. Institutional Theories of Organization ［J］. Annual Review of Sociology, 1987 (13): 443 – 464.

［325］Zukin S, DiMaggio P. Structures of Capital: The Social Organization of the Economy ［M］. Cambridge University Press, 1990.

附　录

附录1　珠三角企业转型升级企业问卷

珠三角企业转型升级企业问卷

问卷编号：＿＿＿＿＿＿

尊敬的企业负责人：

您好！中山大学产业转型升级研究课题组受东莞和顺德市规划纲要办委托实施"产业转型升级研究"课题。为做好课题研究工作，深入了解和掌握企业对产业转型升级的真实意愿、遇到的问题及困难、应对困难的做法，比较不同类型企业的产业转型升级态度和行为差异，对现有的产业转型升级政策进行科学评估，课题组与东莞、顺德调查队合作进行"产业转型升级企业问卷调查"。

本次调查仅用于研究参考，所有涉及您个人及企业的资料，我们都将严格保密，请您放心填写。问卷答案无正确错误之分，请您根据企业的实际情况填写并恳请您赐名片一张。

衷心感谢您的支持与合作！

中山大学珠三角改革发展研究院
产业转型升级研究课题组
2012 年 5 月

填写说明：

（1）选择题：请在所选答案后面的"□"内画"√"；

（2）评分题：请在评分栏所选的分数上画"√"；

（3）填充题：请将答案填写在横线上；

（4）问卷中有不少问题涉及 2008 年度和 2011 年度的比较，请以各年度年末的实际情况为准。

填写问卷的企业名称：＿＿＿＿＿＿＿＿＿＿＿＿＿＿＿＿＿＿＿＿

填写问卷的企业所在镇：＿＿＿＿＿＿＿＿＿＿＿＿＿＿＿＿＿＿＿

填写问卷的企业所属的行业：＿＿＿＿＿＿＿＿＿＿＿＿＿＿＿＿＿

填写人姓名：＿＿＿＿＿＿＿＿＿＿＿＿＿＿＿＿＿＿＿＿＿＿＿＿

填写人职位：＿＿＿＿＿＿＿＿＿＿＿＿＿＿＿＿＿＿＿＿＿＿＿＿

填写人手机号码：＿＿＿＿＿＿＿＿＿＿＿＿＿＿＿＿＿＿＿＿＿＿

填写人邮址：＿＿＿＿＿＿＿＿＿＿＿＿＿＿＿＿＿＿＿＿＿＿＿＿

（略）

2. 与 2008 年度相比，贵公司 2011 年度以来以下各项的变化情况如何？请在合适的方框内画钩。

评价内容 ＼ 评价标准	迅速增长	缓慢增长	无明显变化	缓慢下降	迅速下降	不适用（无）
（1）总产值	□	□	□	□	□	□
（2）营业收入	□	□	□	□	□	□
（3）利润总额	□	□	□	□	□	□
（4）应交所得税	□	□	□	□	□	□
（5）留存收益	□	□	□	□	□	□
（6）资产总值	□	□	□	□	□	□
（7）固定资产净值	□	□	□	□	□	□
（8）出口额	□	□	□	□	□	□

（略）

7. 贵公司的品牌建设/商标注册情况如何？（单选）

（1）无注册商标□　　（2）在筹备注册商标□　　（3）已注册商标但品牌知名度较低□　　（4）已注册商标并且品牌知名度较高□

（略）

16. 从 2008 年金融危机爆发以来到 2011 年，面对国内外形势的变化，贵公司都采取了哪些应对措施？请根据贵公司的情况对每项措施贵公司采取的力度进行评分，于评分栏中以"√"标出所选分数。

● "贵公司采取该措施的力度"的评分标准为 0 分至 9 分：0 分代表完全没

有采取该措施，分数越高代表采取该措施的力度越大。

企业转型升级所采取的措施	贵公司采取措施的力度									
（1）投资采用新生产机器设备/技术	0	1	2	3	4	5	6	7	8	9
（2）与高校、研究机构、其他企业进行合作研发	0	1	2	3	4	5	6	7	8	9
（3）质量管理体系/制度建设	0	1	2	3	4	5	6	7	8	9
（4）优化库存物流管理	0	1	2	3	4	5	6	7	8	9
（5）优化工时管理制度	0	1	2	3	4	5	6	7	8	9
（6）安全生产规章制度建设	0	1	2	3	4	5	6	7	8	9
（7）员工技能培训	0	1	2	3	4	5	6	7	8	9
（8）提高产品质量	0	1	2	3	4	5	6	7	8	9
（9）研发新产品，提高产品差异化水平	0	1	2	3	4	5	6	7	8	9
（10）自主品牌建设	0	1	2	3	4	5	6	7	8	9
（11）提升企业自主研发能力	0	1	2	3	4	5	6	7	8	9
（12）改善售后服务	0	1	2	3	4	5	6	7	8	9
（13）销售服务网络建设	0	1	2	3	4	5	6	7	8	9
（14）开拓国内市场	0	1	2	3	4	5	6	7	8	9
（15）开拓国际市场	0	1	2	3	4	5	6	7	8	9
（16）在本行业中向上游产业延伸，如原材料	0	1	2	3	4	5	6	7	8	9
（17）在本行业中向下游产业延伸，如分销	0	1	2	3	4	5	6	7	8	9
（18）进入新行业	0	1	2	3	4	5	6	7	8	9
（19）将生产基地转移到成本更低地区	0	1	2	3	4	5	6	7	8	9
（20）在国内其他地区投资建厂	0	1	2	3	4	5	6	7	8	9
（21）在海外投资建厂	0	1	2	3	4	5	6	7	8	9
（22）并购重组	0	1	2	3	4	5	6	7	8	9
（23）所有权和经营权分离，引进职业经理人	0	1	2	3	4	5	6	7	8	9
（24）培养企业家子女将来接掌贵公司	0	1	2	3	4	5	6	7	8	9
（25）其他（请注明：　　　　　）	0	1	2	3	4	5	6	7	8	9

（略）

17. 以下是产业发展所需要的一些条件，请根据您的感受，就该条件的重要程度和您对当地区域在该方面的现实情况的满意程度进行评估，于评分栏中以"√"标出所选分数。

● "您认为的重要程度"评分标准由 1 分至 9 分：1 分代表该条件对产业发展极不重要，5 分代表中等，9 分代表极为重要。（分数越高，重要程度越高）

● "所在区域的现实情况"评分标准由 1 分至 9 分：1 分代表贵公司对所在区域在该方面的现实情况满意度极低，5 分代表中等，9 分代表极好。（分数越高，对当前情况的满意度越高）

评分内容　　　　　　　　产业发展所需要的条件	您认为的重要程度	所在区域的现实情况
（一）生产要素条件		
自然资源		
（1）能源充足	1　2　3　4　5　6　7　8　9	1　2　3　4　5　6　7　8　9
（2）能源成本低	1　2　3　4　5　6　7　8　9	1　2　3　4　5　6　7　8　9
（3）生产用地充足	1　2　3　4　5　6　7　8　9	1　2　3　4　5　6　7　8　9
（4）生产用地成本低	1　2　3　4　5　6　7　8　9	1　2　3　4　5　6　7　8　9
（5）达到环保标准成本低	1　2　3　4　5　6　7　8　9	1　2　3　4　5　6　7　8　9
基础设施/基本公共服务		
（6）治安良好	1　2　3　4　5　6　7　8　9	1　2　3　4　5　6　7　8　9
（7）生活服务设施完善（餐饮、娱乐、绿化等）	1　2　3　4　5　6　7　8　9	1　2　3　4　5　6　7　8　9
（8）公共服务配套（教育/医疗/住房）完善	1　2　3　4　5　6　7　8　9	1　2　3　4　5　6　7　8　9
（9）交通运输网络完善	1　2　3　4　5　6　7　8　9	1　2　3　4　5　6　7　8　9
（10）通信设施完善	1　2　3　4　5　6　7　8　9	1　2　3　4　5　6　7　8　9
人力资源		
（11）招聘高素质的管理人员便捷	1　2　3　4　5　6　7　8　9	1　2　3　4　5　6　7　8　9
（12）招聘高素质的技术人员便捷	1　2　3　4　5　6　7　8　9	1　2　3　4　5　6　7　8　9
（13）招聘高素质的熟练工人便捷	1　2　3　4　5　6　7　8　9	1　2　3　4　5　6　7　8　9
知识资源		
（14）大学、科研机构为企业提供技术创新服务	1　2　3　4　5　6　7　8　9	1　2　3　4　5　6　7　8　9
（15）公共技术创新平台为企业提供技术服务	1　2　3　4　5　6　7　8　9	1　2　3　4　5　6　7　8　9

续表

评分内容 产业发展所需要的条件	您认为的重要程度	所在区域的现实情况
（16）有产业集群网站或者产业专业网站	1 2 3 4 5 6 7 8 9	1 2 3 4 5 6 7 8 9
（17）有便于企业间沟通交流的场所和机会	1 2 3 4 5 6 7 8 9	1 2 3 4 5 6 7 8 9
资本资源		
（18）有方便快捷的正式融资渠道	1 2 3 4 5 6 7 8 9	1 2 3 4 5 6 7 8 9
（19）有方便快捷的非正式融资渠道	1 2 3 4 5 6 7 8 9	1 2 3 4 5 6 7 8 9
（20）有为企业提供贷款担保的机构	1 2 3 4 5 6 7 8 9	1 2 3 4 5 6 7 8 9
（二）市场需求/贸易条件		
（21）国内市场的需求增长空间大	1 2 3 4 5 6 7 8 9	1 2 3 4 5 6 7 8 9
（22）国外市场的需求增长空间大	1 2 3 4 5 6 7 8 9	1 2 3 4 5 6 7 8 9
（23）人民币币值稳定	1 2 3 4 5 6 7 8 9	1 2 3 4 5 6 7 8 9
（24）进出口关税壁垒低	1 2 3 4 5 6 7 8 9	1 2 3 4 5 6 7 8 9
（25）非关税壁垒低（如实施强制性技术、卫生、产品等标准）	1 2 3 4 5 6 7 8 9	1 2 3 4 5 6 7 8 9
（三）产业竞合关系		
（26）本地企业间良性竞争	1 2 3 4 5 6 7 8 9	1 2 3 4 5 6 7 8 9
（27）本地企业间实行专业化的分工合作	1 2 3 4 5 6 7 8 9	1 2 3 4 5 6 7 8 9
（28）本地企业在原材料采购方面合作紧密	1 2 3 4 5 6 7 8 9	1 2 3 4 5 6 7 8 9
（29）本地企业在技术研发方面合作紧密	1 2 3 4 5 6 7 8 9	1 2 3 4 5 6 7 8 9
（30）本地企业在市场营销方面合作紧密	1 2 3 4 5 6 7 8 9	1 2 3 4 5 6 7 8 9
（四）支援及相关产业、社会组织		
（31）原材料、配件、设备均可在本地采购	1 2 3 4 5 6 7 8 9	1 2 3 4 5 6 7 8 9
（32）本地物流配送服务业发达	1 2 3 4 5 6 7 8 9	1 2 3 4 5 6 7 8 9
（33）本地产品出口检验、报关、通关手续便捷	1 2 3 4 5 6 7 8 9	1 2 3 4 5 6 7 8 9
（34）本地产品质量监督检测机构完善	1 2 3 4 5 6 7 8 9	1 2 3 4 5 6 7 8 9
（35）本地教育培训、人才招聘服务机构完善	1 2 3 4 5 6 7 8 9	1 2 3 4 5 6 7 8 9

产业发展所需要的条件 / 评分内容	您认为的重要程度										所在区域的现实情况									
（36）本地金融服务机构完善	1	2	3	4	5	6	7	8	9		1	2	3	4	5	6	7	8	9
（37）本地管理咨询/信息服务机构完善	1	2	3	4	5	6	7	8	9		1	2	3	4	5	6	7	8	9
（38）本地相关机构能有效解决劳资纠纷	1	2	3	4	5	6	7	8	9		1	2	3	4	5	6	7	8	9
（39）行业协会促进企业之间和企业与政府之间的沟通	1	2	3	4	5	6	7	8	9		1	2	3	4	5	6	7	8	9
（40）行业协会维护企业权益	1	2	3	4	5	6	7	8	9		1	2	3	4	5	6	7	8	9
（41）行业协会建立行约、行规和行业标准	1	2	3	4	5	6	7	8	9		1	2	3	4	5	6	7	8	9
（五）政府体制																			
（42）本地工商/税务部门廉洁高效	1	2	3	4	5	6	7	8	9		1	2	3	4	5	6	7	8	9
（43）本地海关部门廉洁高效	1	2	3	4	5	6	7	8	9		1	2	3	4	5	6	7	8	9
（44）本地政府有中长期产业发展规划	1	2	3	4	5	6	7	8	9		1	2	3	4	5	6	7	8	9
（45）本地政府产业政策的制定能针对企业需求	1	2	3	4	5	6	7	8	9		1	2	3	4	5	6	7	8	9
（46）企业有机会参与产业政策的制定	1	2	3	4	5	6	7	8	9		1	2	3	4	5	6	7	8	9
（47）产业政策的执行有监督、考核和申诉机制	1	2	3	4	5	6	7	8	9		1	2	3	4	5	6	7	8	9
（48）本地政府积极扶持中小企业	1	2	3	4	5	6	7	8	9		1	2	3	4	5	6	7	8	9
（六）制度环境																			
（49）市场竞争环境良好	1	2	3	4	5	6	7	8	9		1	2	3	4	5	6	7	8	9
（50）物权、产权、债权保护制度完善	1	2	3	4	5	6	7	8	9		1	2	3	4	5	6	7	8	9
（51）安全生产监督管理制度完善	1	2	3	4	5	6	7	8	9		1	2	3	4	5	6	7	8	9
（52）行业技术标准完善	1	2	3	4	5	6	7	8	9		1	2	3	4	5	6	7	8	9
（53）行规、行约等非正式制度有约束力	1	2	3	4	5	6	7	8	9		1	2	3	4	5	6	7	8	9

18. 请贵公司评估目前与以下各机构的联系频率和信任程度，于评分栏中以"√"标出所选分数。

• 互动频率评分标准为0分至9分：0分代表贵公司与该机构没有任何往来，1分代表极少往来，5分代表互动频率一般，9分代表往来的频率极高。（分数越高，联系频率越高）

● 信任程度评分标准为 0 分至 9 分：0 分代表贵公司对该机构不了解因而无法评分，1 分代表对该机构极不信任，5 分代表信任程度一般，9 分代表信任程度极高。（分数越高，信任程度越高）

评分内容 机构名称	联系频率										信任程度									
（1）同行业竞争对手	0	1	2	3	4	5	6	7	8	9	0	1	2	3	4	5	6	7	8	9
（2）本地供应商、配套厂商、分包厂商	0	1	2	3	4	5	6	7	8	9	0	1	2	3	4	5	6	7	8	9
（3）本地分销商、国内贸易商及零售商	0	1	2	3	4	5	6	7	8	9	0	1	2	3	4	5	6	7	8	9
（4）海外客户	0	1	2	3	4	5	6	7	8	9	0	1	2	3	4	5	6	7	8	9
（5）当地政府部门	0	1	2	3	4	5	6	7	8	9	0	1	2	3	4	5	6	7	8	9
（6）行业协会/商会	0	1	2	3	4	5	6	7	8	9	0	1	2	3	4	5	6	7	8	9
（7）本地技术创新中心	0	1	2	3	4	5	6	7	8	9	0	1	2	3	4	5	6	7	8	9
（8）国内高校、科研院所	0	1	2	3	4	5	6	7	8	9	0	1	2	3	4	5	6	7	8	9
（9）本地教育培训、人才招聘服务机构	0	1	2	3	4	5	6	7	8	9	0	1	2	3	4	5	6	7	8	9
（10）本地金融服务机构	0	1	2	3	4	5	6	7	8	9	0	1	2	3	4	5	6	7	8	9
（11）本地管理咨询、信息服务机构	0	1	2	3	4	5	6	7	8	9	0	1	2	3	4	5	6	7	8	9
（12）本地解决劳资纠纷的相关机构	0	1	2	3	4	5	6	7	8	9	0	1	2	3	4	5	6	7	8	9
（13）媒体	0	1	2	3	4	5	6	7	8	9	0	1	2	3	4	5	6	7	8	9
（14）本地的会展及市场推广机构	0	1	2	3	4	5	6	7	8	9	0	1	2	3	4	5	6	7	8	9

（略）

22. 请问贵公司是否为行业协会/商会的成员？若是，请指明是哪一年加入行业协会/商会的。（单选）

（1）是□，_____年成为会员　　　（2）不是□

（略）

企业基本资料

27. 贵公司总经理的年龄是：_____岁。

28. 贵公司总经理的性别是：（1）男□　　　（2）女□

29. 贵公司总经理的学历是：（单选）

（1）初中及以下□　　（2）高中/中专□　　（3）大专及以上□

（4）大学本科□　　　（5）硕士研究生及以上□

30. 贵公司总经理是：（单选）

（1）创始人□　　（2）第一代接班人□　　（3）第二代接班人□

（4）外聘的□

31. 贵公司的成立时间：_____年。

32. 目前贵公司的员工人数：_____人。按员工类型区分，管理层_____人，研发/设计人员_____人，技术工人_____人，非技术工人_____人。按员工学历区分，大专及以上的员工_____人，初中及以上的员工_____人。

33. 贵公司的投资来源性质是：（单选）

（1）有外商投资企业，投资方为非台港澳国家□

（2）台港澳投资企业□

（3）无外商投资的国有企业、集体企业等□

（4）无外商投资的民营企业□

（5）其他（请注明：_____）□

附录 2　倾向值匹配平行假设检验结果

附表 1　采用最近邻匹配的平行假设检验

匹配变量	匹配前后	处理组均值	对照组均值	标准偏差（%）	标准改进（%）	t 检验 p 值
外商投资企业	前	0.617	0.233	84.1	99.6	0.000
	后	0.617	0.615	0.4		0.934

匹配变量	匹配前后	处理组均值	对照组均值	标准偏差（%）	标准改进（%）	t 检验 p 值
战略性新兴产业	前	0.154	0.194	−10.7	49.9	0.045
	后	0.154	0.133	5.4		0.151
家族企业	前	0.718	0.862	−35.70	89.2	0.000
	后	0.718	0.734	−3.9		0.390
管理者受教育程度	前	0.482	0.272	44.30	68.5	0.000
	后	0.482	0.416	13.9		0.001
企业历史	前	11.57	7.51	66.1	89.9	0.000
	后	11.57	11.98	−6.7		0.126
管理者年龄	前	46.897	42.86	49.6	74.0	0.000
	后	46.897	47.95	−12.9		0.002
资金实力	前	0.0839	−0.241	18.7	22.9	0.001
	后	0.0839	−0.167	14.4		0.000
行业身份	前	0.529	0.35	36.6	95.5	0.000
	后	0.529	0.521	1.7		0.686

附表 2　采用半径匹配的平行假设检验

匹配变量	匹配前后	处理组均值	对照组均值	标准偏差（%）	标准改进（%）	t 检验 p 值
外商投资企业	前	0.617	0.233	84.1	88.7	0.000
	后	0.617	0.573	9.5		0.029
战略性新兴产业	前	0.154	0.194	−10.7	82.1	0.045
	后	0.154	0.146	1.9		0.614
家族企业	前	0.718	0.862	−35.70	81.5	0.000
	后	0.718	0.745	−6.6		0.139
管理者受教育程度	前	0.482	0.272	44.30	76.3	0.000
	后	0.482	0.432	10.5		0.013
企业历史	前	11.57	7.51	66.1	97.4	0.000
	后	11.57	11.47	1.7		0.685
管理者年龄	前	46.897	42.86	49.6	97.3	0.000
	后	46.897	47.01	−1.3		0.743

匹配变量	匹配前后	处理组均值	对照组均值	标准偏差 （%）	标准改进 （%）	t 检验 p 值
资金实力	前	0.0839	−0.241	18.7	6.9	0.001
	后	0.0839	−0.219	17.4		0.000
行业身份	前	0.529	0.35	36.6	85.0	0.000
	后	0.529	0.502	5.5		0.182

后 记

（一）

究竟什么是社会学的前沿？

这个问题估计每位社会学的从业者都会有自己的思考和答案。从科学的角度来讲，一个学科的前沿就是指这个学科知识的边界。科学工作就是探寻学科边界、拓展学科边界的工作。但是社会学作为一门社会科学有其特殊性：一方面，社会学界有"传统"与"前沿"、"整合"与"细分"的方法论之争，虽然大部分学者从事着自己细分领域的工作，但也有相当一部分的学者回到古典理论，通过文本的研读和哲思获得新的学术成果。这种在学科已有的范围内的探索算不算前沿？就个人的观点而言，我认为算。我们平时谈论学科的范围喜欢用圆圈来表示，这个圆圈在二维平面内，但我认为一个学科的范围应该是多维度的：三维的、四维的甚至更高的维度。一个传统的理论研究，虽然在二维平面上看起来是在靠近学科圆心的内圈层，不是前沿，但实际上它是在旧的理论上有了新的发现，相当于在另外维度的拓展。虽然投影在二维平面上可能在内圈，但与圆心的实际距离可能更远。由此，我们就知道，以二维平面来理解一个学科的范围与前沿容易让人产生"误判"。当然接下来的篇幅我主要想谈论的是另一方面：与其他学科交叉的前沿。我想结合自己学位论文的探索过程讨论一下这个问题。

一名合格的学者，必须是学科前沿的探索者和推动者，所以博士自我训练的过程就是探索学科前沿的过程，一篇合格的博士论文必须在推动学科前沿方面有所贡献。当与导师确定学位论文的研究主题为"企业创新"并顺利开题之后就面对这样一个问题，即如何能用这样一个主题来探索社会学的前沿。企业创新是一个经典的经济学和管理学的研究领域，社会学如何在这个其他学科已经占领山头的领域"插足"？这个问题困扰了我很久。我的研究领域属于经济社会学分支。在经济社会学的小圈子里面，我比较赞同刘世定老师的看法：按照目前比较通行的思考方式，在社会学的学科体系中，经济社会学属于一个分支学科。作为一个分支学科，意味着它会进入一个与其他分支不同的领域。如果这个领域没有其他专门学科存在，那么一般而言，形成分支学科的做法是，将主学科的基本分析框架、知识体系和该领域的一些专门知识结合起来即可。但是，如果分支学科进入的领域存在一个其他的学科，特别是存在一个相当成熟的学科的时候，就有必要做进一步的斟酌。经济社会学正是这样，它面对着经济学这个在社会科学体系中相对成熟的学科。在这样的情况下，可以有一些不同的处理方式：第一种方式是无视经济学的存在，按照前面说的那种方法来处理；第二种方式是按照社会学的基本分析框架、知识体系来分析经济生活，同时和经济学展开比较性对话。

显然，对于我的课题而言，第一条路是走不通的，必须走第二条路。我开始翻阅关于企业创新的经济学文献，发现对于此话题的学术研究起点在熊彼特。熊彼特（2008）认为，资本主义的本质便是创新，它不断地从内部革新经济结构，引致产业突变，创新就是新的生产组合。在经济体系中，企业家进行创新，引进新的组合，其目的在于获得利润。一旦众多企业进入这个新的产业，产生一种新的均衡，超额利润就会消失，企业就会寻求新的创新。资本主义的实质就是一些企业家进行创新，其他的企业追赶平摊利润，企业家再寻求新的创新的过程。在他的理论框架下，有两个因素影响着企业的创新：企业家精神与企业的规模。首先，具有冒险精神的企业家是创新最主要的源泉，具有创新精神的人才叫"企业家"，不具备创新精神的只能叫"商人"，没有企业家个人的特质，就不用谈创新。另一个创新的要素是企业的规模，他认为相对于小企业来说，大企业在研发创新上更有优势。因为研发创新需要大量的资金及其他资源，大企业在这方面更具优势。其次，熊彼特认为大企业能造成适度的垄断，垄断是创新的先决条件，因为垄断能够产生超额利润，在此激励下企业才会热衷于技术创新（胡元木和李瑶，2014）。

在熊彼特之后，经济学领域没有停止对其他创新要素的探索，代表性的理论有技术推动理论与需求拉动理论。前者认为是技术推动了企业的创新，基础科学推动着应用科学的发展，而应用性的技术直接推动着企业的创新，整个过程是线性的（Ogburn，1934；Bush，1945）。后者认为，技术创新本质上和其他经济行为一样，都是企业追求利润的活动，受市场需求的制约和影响（Schmookler，1966），技术的改革与变迁都是由产品、服务的具体销售情况决定的，企业生产新的产品并不是沿袭产品固有的技术演进，而是人们有这方面的需求。关于技术推动理论和需求拉动理论的论战持续不休，从20世纪60年代一直持续到80年代，其后也有一些学者提出新的观点，但大多都是对两者的综合，依然没有逃离技术与需求的框架，直到协同创新论的提出。

协同创新论并不是一个具体的理论，而是一个新的视角，是一系列理论的组合。人们逐渐认识到，21 世纪的企业创新不再是"单打独斗"，而是需要组织之间的合作与配合。因此，创新体系理论、创新三螺旋理论都强调创新的系统性与网络性。至此，对于企业创新的讨论都没有离开经济学与管理学的范畴，而协同创新论的出现给了社会学"可乘之机"。从 20 世纪 90 年代开始，社会学开始用"社会网络"概念对企业创新进行分析，如鲍威尔（Powell，1996）就认为创新能力强的产业通常都具有组织间网络紧密、合作关系普遍、信息传递和获取意识强烈等特征。对于企业组织而言，自身所拥有的社会网络是一种社会资本，这种社会资本有利于企业获得更多的外部资源，特别是有利于企业解决很多在内部难以突破的技术瓶颈。国内学者吴晓波和韦影（2005）、朱彬钰（2009）等都用各自的实证材料证明了社会资本在国内企业创新实践中的重要性。

在开题之后，我的初衷是采用社会网络、社会资本及嵌入性的视角对企业创新进行分析，获得的数据材料也支持了我提出的假设。但这个时候，我又困惑了：我的研究只不过是用不同的实证材料重复了别人的结论而已。都说博士论文应该拓展学科的前沿，如果我这样做下去好像也没有拓展学科的理论知识，只不过是待在前辈构建的"舒适区"里增加了理论的稳健性而已，一个连自己都不能说服的研究注定不是好研究。而这次，我选择不那么急着找答案，此时正值我在斯坦福大学访学期的开始，将近三个月的时间自己的研究没有任何推进，我选择了参与斯坦福大学社会学系的课程学习。其中一门是新制度主义大师 John Meyer（约翰·迈耶）教授开设的《制度与教育》，我紧跟修课博士生的步伐，认真研读了新制度主义的经典文献，参与课堂讨论。开始我是本着了解的心态，熟悉一下教育社会学的相关学科领域，没想到这门课程却给自己的研究帮了大忙。在私下与迈耶教授的聊天中，谈到我的研究领域是企业组织，他说我可以多读组织社会学的文章，特别是新制度主义领域的经典文章。开始我还觉得他有点儿"王婆卖瓜"的味道，但后来发现这个建议确实帮了我大忙。在接下来的几个月里，我梳理了新制度主义流派的发展脉络，构建了粗浅的分析视角。此后，我再回到自己的研究，发现新制度主义的视角不仅在分析非营利部门（学校、医院）的时候有优势，同样可以用来分析营利部门（企业、产业）；不仅可以用来分析组织的制度创新，同样也可以用来探索组织的技术创新。我再次审视在以往的理论视角中对于技术创新的解释，无论是熊彼特创新理论、技术推动理论、需求拉动理论还是社会资本理论，其实都没有逃离组织的资源要素的解释，即认为企业的规模资源、技术资源、需求资源、社会资本都是企业的资源。社会学的贡献是发现了企业创新中的"社会资本"这种外部资源，但同样也属于资源逻辑的解释，而资源逻辑的解释同样也是理性的解释。新制度主义认为，组织不仅遵从理性的行动逻辑，非理性的行动逻辑同样存在。自此，我采用新制度主义中的"组织合法性"视角，对企业的创新行为进行了重新分析，假设合法性因素同样在企业的创新实践中起作用，与资源因素一起共同影响了企业的创新投入。基于此，在传统的几大理论之外，我提出了自己基于合法性逻辑的理论假说及相关假设。幸运的是，这些假设基本通过了检验。接下来，我的文章便顺理成章，虽其中仍有波折，但未再出现大的困惑，那是后话了。

回顾整个学位论文的写作过程，也是自己探索学科前沿的过程。前文以经典研究与学科前沿关系的问题作为引子，最后再以交叉领域与学科前沿的关系作为结尾。以我自己的研究为例，我认为在有学科交叉的领域，我们首先不能无视其他学科的存在，毕竟是"他人的山头"。而那些以自己学科的"养分"与"材料"给其他学科"添砖加瓦"的研究并不能算是自己学科的前沿研究。只有那些通过自己学科的"武器"与"战略"，成功改变其他学科相应领域的结构，甚至撼动到学科"山头"的研究，才能说是自己学科的前沿研究。从这个角度而言，我认为自己的研究至少是及格的吧。

谢昕琰

2016 年 12 月 30 日于帕洛阿尔托

（二）

火车轰隆隆地驶离了车站，我的人生列车也即将重新启程，驶往下一站……

列车始发于广东梅州平远县的一个教师家庭，家里共有五位老师。爷爷奶奶都是中学的全职教师；大姑虽然在医院从事一线的护理工作，同样也兼担学院的教学工作；小姑是小学老师；而我父亲，早年是师范生毕业，在乡镇中学教了几年书，后来转行到国企工作。只有我的母亲不是老师，而是供销社的一名普通社员。出生在这样一个相对中产的家庭，给了我较为顺遂的成长环境，成长过程中也没有遇到较大的波折，唯一的打击是爷爷的突然离去。1997 年，爷爷因心脏病突发抢救不及时而逝世，当时还小的我并没有感到特别悲伤，但随着年龄的增长，每当忆起小时候晚饭后爷爷带我走过小桥，在河堤边石板凳上停留小憩的时光，我总会鼻子一酸，暗自神伤。我在想，要是爷爷此刻能看到我的这些文字，知道我的人生轨迹，那该有多好。

幼儿园、小学、初中、高中，就像其他普通小孩一样，我的人生列车也经过了这些平常而又固定的站点。由于将注意力放在了音乐创作、网络游戏等其他事情上，自己在高考前的成绩一直不稳定，我知道父母都为我的高考捏了一把汗，好在最终不算偏离太远。在大学的时候，我被调剂到广东外语外贸大学社会工作专业，这让我与社会学结缘，感谢刘春燕教授、李丹副教授、陈胜副教授、陈美招老师等的悉心教导，让我在专业道路上得到启蒙。在我大四的时候，妹妹查出患有急性髓系白血病，陪着妹妹多次验血的我不敢相信这样的事实。从此，我的家庭有了很大的变化，父亲、母亲都暂停了工作，全身心地投入到帮助妹妹与病魔抗争的过程中。在妹妹多次化疗效果不明显之后，我们决定去北京进行骨髓移植手术。在得知自己的配型能够使用的消息后，我既高兴又紧张：高兴的是看着病床上痛苦的妹妹和日夜辛苦照顾妹妹的父母与奶奶，我觉得自己终于可以贡献自己的一分力量了；同时，紧张的程度也远远超过经历过的任何一次考试。考试我还可以自己把握，而这一次完全把命运交给了医生的医术和医学的奇迹。考试考砸了最多是影响自己的前途，而这一次的赌注却是生命。失去了爷爷以后，我不想再失去任何一个家人。还好，上帝眷顾了我们，妹妹顺利康复。

我很庆幸我的人生列车并没有因为这件事而有所延误，顺利地到了香港中文大学这一站。在香港中文大学社会学系攻读硕士期间，我接受了系统的社会学理论和方法的学习。我要特别感谢谭康荣教授。谭老师作为知名的社会学家，给了我最早的想做学术研究的冲动，也让我知道作为学者应该有的素养和能力。当我向谭老师提及自己有继续在学术上深造的意愿后，谭老师分析了我的个人特点，帮我细心规划未来的职业生涯。此外，我还要感谢硕士时期的唐志诚、詹欣、卢雪婷、林欣、吕云龙、黄诗君等同学，正是与他们的讨论和学习，形成了自己最初社会学式的思考方式。

正是谭老师的引荐，我才认识了我现在的导师——丘海雄教授。由于对经济社会学的兴趣，我在中山大学攻读博士期间选择了丘老师作为自己的导师。丘老师在论文选题、理论视角、研究方法、方案设计等方面都给了我很多的指导，让我可以在很清晰的思路下进行自己的论文写作。并且，丘老师也让我参与了珠三角改革发展研究院和社会发展研究所的课题项目，让我拥有很多机会收集与论文相关的实证材料。在论文之外，丘老师还积极帮我争取各种交流及工作岗位的机会。可以说，没有丘老师的助力，就没有我的美国访问之行。我非常感谢丘老师，但对于丘老师的全方位感激很难用"谢谢"这样的词语去表达。自己以后会在经济社会学领域继续耕耘，希望能用实际行动将丘老师的衣钵传承下去。

在中山大学这一站，我接受到了系统的社会学训练。感谢蔡禾教授、肖文明副教授在理论视角方面的熏陶；感谢王进教授、梁玉成教授、梁宏副教授在定量方法上的引导；感谢王宁教授、李若建教授、刘祖云教授、余程普副教授在论文开题、预答辩会上的指导；同时也要感谢北京大学的刘能教授、复旦大学的李煜教授、中山大学的朱亚鹏教授在论文正式答辩时的批评与建议。

在中山大学读博期间，我认识了很多学术上志同道合的同学及朋友。感谢周兆安、刘兴花、赵庆伟、周文、谌鸿燕、王荣欣、李侨明、郑淑霞、张东、徐欢、刘梦阳、钱红丽等 2014 级社会学博士班的同学。和他们一同学习、运动、游玩，让我的学术水平得到锻炼，同时也让我的博士生活变得丰富多彩。感谢黄嘉文、成功、刘溯源、楼晓玲、赵力、杨育土、贺婷、王丽婷、陈倩霞、龚俊惠、李靖、赵首峰等同门兄弟姐妹。特别感谢刘伟强师兄和毛素梅师姐，无论是在学术上还是在生活上，都给了我很多的指导和关照。

非常幸运，我的人生列车能够在美国旧金山湾畔的帕洛阿尔托站停留。除了感谢丘老师的举荐之外，还要感谢中山大学博士生国际合作研究项目的经费支持，让我能够在斯坦福大学社会学系进行为期一年的访问学习。为什么说非常幸运？并不是因为地点是美国，而是因为能接触到学界的一流泰斗。我的合作导师是著名的组织社会学家周雪光教授。在本科时期，因为一本《组织社会学十讲》，自己就早已非常崇拜周老师。此番远赴斯坦福大学，虽与周老师见面机会不多，但每次会谈周老师都与我亲切交流，在学术取向、学术态度及研究视角方面给予了我很多的指导。非常感谢周老师能够接受我这样一个学界的无名小卒作为斯坦福大学社会学系的访问博士生学者，能获得这样的机会真是三生有幸！感谢 John Meyer 教授，正是在他课程的研修中，迸发出我论文中的理论灵感；感谢 Mark Grannovetter 教授让我参加每周一次的经济社会学会议，让我接触了自己专业领域最前沿的研究动态；感谢 Jeremy Freese 教授，让我系统学习了最前沿的统计技术；此外，我还要感谢 Andrew Walder 教授、Robb Willer 教授、Cristobal Young 教授、Walter Powell 教授等，让我参与了不同课程、讨论会和工作坊的学习。

在异国他乡，妻子和我也结识了不少朋友。感谢 Ralph Levine 和 Paul Bundy 两位老爷爷的亲切关照，这两位年近八旬的老爷爷与我们素昧平生，却在生活上给了我们很多的关照，充当着司机、导游等角色，经常带我们去当地好吃好玩的地方；感谢白雪儿、张辉博士夫妇，同样来自广州，他们在美国给了我们很大的帮助；感谢王倩博士、王修晓副教授、方坤博士、沙扬贺同学等国内友人，让我们在斯坦福大学能够有熟悉的群体。感谢我们的小区管理员 Mary、George，让我们在住宿上没有后顾之忧；感谢 Gabino、May 等司机，让我们能免费且舒适地穿行于宿舍与校园之间。此外，感谢 Amin、Tarun、Jean 等朋友，感谢 Green 图书馆每天进进出出经常遇到的未能记住姓名的图书馆工作人员。我的博士论文主体成型于此，如果没有这些国际友人的帮忙和照顾，或许就没有我的这篇论文。

当然，我最应该感谢的是我的家人。感谢我的父母和奶奶，在我读博最困难的时候鼓励我，让我坚定不移地走下去。感谢我的妻子邓媚，在美国期间不仅要承担大部分的家务劳动，更是参与了对我论文的修改、排版、校对等工作，没有她的支持，就没有我这篇成型的论文。感谢我的儿子谢震，正是他的出生，让我感到养家糊口的责任，从而争分夺秒，加快了论文的写作进度。

在读博之前和博士一年级期间，我曾受躯体形式障碍型焦虑症的影响长期头晕，导致精神不振，无法安心学习和工作。感谢郑一凡医生和冼漪涟咨询师的药物治疗和精神治疗，让我摆脱了长期头晕并焦虑的困扰。

我要感谢此刻在同一趟列车上周围的三位乘客，正是他们腾出位置，让我有空间摆放笔记本电脑，撰写这篇后记。在我的人生旅途中，正是有这样无数陌生人的帮助，才激励我走到了今天。这短短一篇后记不能将所有人的名字一一列举，在此一并感谢所有关心、帮助过我的人。

火车还在行驶着，我也不会停下自己人生的脚步。生命不息，奋斗不止！我将带着热情和技艺在学术之路上继续探索。虽然不知道下一站在哪里，但走过的站点和沿途的风景，我都将深深铭记！

愿自由之风永远吹拂！

谢昕琰

2017 年 5 月 26 日于 T8365 次列车

（三）

本书以我的博士论文为雏形。后记（一）成型于论文初稿成稿的当晚，实际上是写作思路历程的展现，算是正文的一种延续，偏理性；后记（二）成型于论文答辩前，当时的想法是觉得还需要一篇"俗套"的后记，可以看作某种心路历程，偏感性。这次论文得到资助出版，自己有幸作为读者从头到尾再次审视每一个文字，在正文许多段落难免感觉当初文笔的拙嫩。同样，在读到后记时，由于距离初稿成型差不多过去了五年的时间，这五年里自己经历了很多，世界也发生了很大的变化，总是有种恍如隔世的距离感，犹豫再三决定写下这篇文字，从一个"五年后的读者"的角度去审视那个"五年前的作者"，更新一下自己的思路历程与心路历程，也为理性与感性找一个平衡。

在博士论文开题阶段，我刚经历了身体和心理的"低谷期"，在内心深处反复追问自己两个问题："做学术究竟能给自己带来什么？""我究竟适不适合做学术？"当时的我没办法回答，而且越思考越容易因为自己的无能陷入到某种悲观中，论文写作也无法有效开展。后来我听从了心理咨询师的建议，将这些问题"悬置"，不再纠结于获得答案：咨询师当时让我想象街道上的清洁工，只会关注自己的下一个动作应该怎么扫以及扫完之后接着干什么，而不会思考太长远。而我要做的，就是读好下一篇文献，做好下一次的数据分析，除此之外不想别的。

不再进行"灵魂拷问"，加上赴美访学使我的生活环境彻底改变，让我的思想负担慢慢变轻，论文写作也逐步顺遂。悬置问题这个办法有时候还挺管用的，完成论文、顺利毕业、入职新单位，这几年间我都没有再痛苦地思考那两个问题。而此时此刻，我想我应该可以小心翼翼地取下那层心灵"保护罩"，平静地看待它们，也顺便把我的想法分享给读者。

做学术带给我最多的是认识了一批学者，学生或老师，同学科或跨学科，年轻或年长，国内或国外……他们或许研究方向各异，研究旨趣也不同，但都在学科视野、研究态度方面不断地启发我。每当自己的研究在学术会议上得到师友的意见，在投稿中得到同行的评议，虽说在情绪上不一定平静地接受，但事后都会觉得这是我前进道路上最好的助力。对我来说，学术关系绝不仅仅是可以利用的社会资本那么简单，其还能对自己产生某种影响。通过与不同学者的交流与讨论，我发现学问做得好的人有三个特点：勤奋、聪明、有独特的解决问题的方法。勤奋与聪明自不必说，任何一行要做好都需要这两点。但光有勤奋和聪明是不够的，还需要第三点，这是比研究方法更加宏观的"思维工具箱"，也可以说是学者的"独门秘籍"，是学者们通过长期的学术工作积累下来的经验。在我的观察范围内，很多优秀学者都有这样独特的解决问题的方法，自己也一直在向他们学习，争取早日形成一套自己的"工具箱"。总而言之，学者们组成的学术共同体是最大的财富，而我理解的"共同体"并不是简单的"学科共同体"或"知识共同体"，还是某种"学术品格共同体"。众多优秀的学者通过自身的垂范，让我这样的后来者明白了一位合格的学者应该是怎样的，从而不断地向"共同体"所需要的学术品格靠拢。

做学术带给我的另一个好处是充分认识到自己的弱点。也许有人会问：为什么认识到弱点是好处？我们知道，做研究就像在黑暗中前进，无法预知自己的视角、方法、推论是否正确，经常走进"死路"，重新"找路"也是常有的事。因此，学者们要做到实事求是，如果找到了正确的方向，哪怕"修路"也得前行，而不是绕道或者找捷径。在"找路"的过程当中，往往受限于自己的素养和能力而遇到难关，譬如理解某个概念需要阅读大量的文献，分析几个变量的关系需要先掌握某种复杂的统计方法，诸如此类。随着学术从业年限的增长，经验告诉我遇到这些问题没有别的办法，只能硬着头皮把它们"啃下来"，而不是以一种侥幸的心理去逃避，因为后者只会让下次遇到的困难更大。一个人的一生都在慢慢理解两个世界：一个是外在世界，另一个是内心世界。做学术让我有机会在探索外在世界的同时直面自己的弱点，通过哪怕缓慢的积累和成长，一点一点去弥补学术能力上的不足；同样也让我有机会在面对自己内心世界时正视自己的弱点，尝试去改变。有的时候这种尝试未必能够在本质上弥补自己的弱点，但至少可以设计出某种应对机制，而不是像以往那般尽可能遮掩。五年的时间，虽然自己的学术水平仍显低下，学术成绩也寥寥无几，但至少越来越认清了自己，在面对周遭世界时也变得坦然和通透。

至于另外一个问题，我想大多数人在思考"适不适合"的问题上都是以"当下的自己"作为思考对象的。当年我会抛出这样一个问题，更多是基于对自身学术能力的无奈，觉得自己"配不上"学术这条路，还差点儿因为这样的质疑而放弃学术这条路。后来才慢慢发现，我们在看待自己、看待别人、看待世界时，最好不要以静态的眼光，因为事物是会发展和变化的。或许随着时间的推移我们会成长，慢慢变得"配得上"，或者发现目标远不如自己想象得那么高不可攀。这些道理知易行难，哪怕是对于作为研究"社会变迁"的社会学从业者的我们来说，除非真的做出一些显著性的改变，否则很难相信自己会产生质变。我是幸运的，改变就在对问题的"悬置"中慢慢发生了，毕业、找工作、第一次学术发表都算比较顺利，这在无形中增添了自己对于学术工作的信心。我是幸运的，幸好当年没有放弃，否则就不可能有此刻敲击键盘的自己。

在写下这段文字的时候，正值东京奥运会闭幕。这一届奥运会涌现了不少年轻健儿，同时也有许多跟我年纪相仿或更年长的老将依然驰骋于赛场，与年轻人较量。从博士研究生阶段开始，我养成了规律的跑步习惯，原以为按照自然规律年近三旬体力会大不如前，一开始也确实连跑 2 公里都觉得辛苦，但后来把这个习惯坚持了下来，从 2018 年每年至少跑 600 公里，到 31 岁时 5 公里跑进了 24 分钟，32 岁时半程马拉松跑进了 2 小时。当然，这些成绩在专业选手面前不值一提，但也是从小瘦削、不以体力见长的我原本无法想象的。其实很多事情都一样，只要不被心里的恐惧打败，做出哪怕一点点的改变，久而久之时光定会给我们回报。

一步能行，能行千里。我们可以质疑今天的自己，但不要低估明天的自己。

谢昕琰

2021 年 8 月 11 日于黄埔涌畔